U0936944

澄迈清代福安窑

海南省博物馆
海南省文物考古研究所　编

科学出版社
北京

图书在版编目（CIP）数据

澄迈清代福安窑 / 海南省博物馆，海南省文物考古研究所编. — 北京：科学出版社，2020.11

ISBN 978-7-03-066621-5

Ⅰ. ①澄… Ⅱ. ①海… ②海… Ⅲ. ①陶窑遗址－研究－澄迈县－清代 Ⅳ. ①K878.54

中国版本图书馆CIP数据核字（2020）第214221号

责任编辑：张亚娜 张睿洋 / 责任校对：王晓茜
责任印制：肖 兴 / 书籍设计：北京美光设计制版有限公司

科学出版社 出版
北京东黄城根北街16号
邮政编码：100717
http://www.sciencep.com

北京华联印刷有限公司 印刷

科学出版社发行 各地新华书店经销

*

2020年11月第 一 版 开本：889×1194 1/16
2020年11月第一次印刷 印张：11 1/4
字数：324 000

定价：198.00 元

（如有印装质量问题，我社负责调换）

前　言

澄迈县位于海南岛西北部，隔琼州海峡与广东省雷州半岛相望。汉武帝时在海南岛设置珠崖郡，其下辖的苟中县即在今澄迈地。隋代时，又在原汉苟中县地始设澄迈县，自此，县名一直沿用至今。福安窑址（原称促进山窑址）位于澄迈县西部，这是全省保存较为完好的一处清代窑址，它的发现与发掘是近年来我省考古工作的重要收获之一。

海南建省前，隶属广东省。在20世纪60年代，广东省文物管理委员会业务人员在该县进行文物调查时，于县西部一带先后发现7处古窑址。促进山窑址即为其中的一处，它是1964年5月进行文物调查时所发现的，在地表上采集到少量碗、碟、杯、瓶等瓷器。经调查者一定分析，据窑址采集瓷器的釉色、造型、花纹等特征，认为与广州、潮州等地元代窑址中出土的类似器物较近同，初步推断其年代可能是属于元代。

1988年4月，海南撤区建省，为了加强对建省后的文物管理保护工作，省文化广播体育厅（今海南省旅游和文化广电体育厅，下同）准备公布建省后第一批省级文物保护单位名录，并交由省文物保护管理办公室（今海南省文物局，下同）承担此项工作。因此，省文管办即积极规划对全省原有文物保护单位进行全面复查，同时也对其他较重要的不可移动文物开展实地调查。期间，省文管办委派省博物馆业务人员对促进山窑址（即今福安窑址）进行了文物复查，并在窑址所坐落的促进山西坡断面上发现较多的陶瓷器残件，采集一些罐、碗、盘、壶、碟、垫具等遗物。初步认为这是保存较好的一处占窑址，应采取必要的文物保护管理措施。

20世纪90年代初，国家文物局决定实施《中国文物地图集》编撰的国家重点文物工作项目，要求全国各省、市、自治区的文物管理部门分别承担本地的《中国文物地图集》分册编辑工作。为了落实编撰《中国文物地图集・海南分册》的重要任务，省文管办又及时在全省开展了实地文物复查和调查，并委托省博物馆牵头承担此项文物调查工作。期间，省博物馆业务人员再次对福安窑址进行了复查，从古窑址保存的现状来看，应及时进行抢救性清理发掘，以利于下一步的文物保护管理工作。

此时，国家文物局为推动中国水下考古事业的进一步发展，正在规划制定《南海诸岛考古项目》。其中，已把西沙群岛文物普查列为该考古项目之一，同意由海南省文体厅具体承担落实西沙群岛文物普查任务，并定于1996年开始实施西沙考古项目。

为此，省文体厅交由省文管办全面负责筹备西沙文物普查工作，因而福安窑址的考古发掘工作只能被暂时搁置下来。

到21世纪初，随着全省文博事业的不断发展，省文体厅及省文管办在制定全省文物考古规划时，就把发掘澄迈县福安窑址列为其重点项目之一。2002年5～9月，省文物考古研究所组成考古队，对福安窑址进行了第一次清理发掘。为了认识该古窑址分布范围、地层堆积及相关遗迹、遗物等方面的情况，先期对窑址进行了一定的考古钻探，初步判断其分布面积近2500平方米。依据寻找窑炉遗迹的需要，在促进山岗地偏南的缓坡上布了7个5米×5米的探方（编号为T1～T7），后在清理过程中，因发掘需要又进行了一定扩方。在窑址地层中发现了杂乱无序的遗物堆积，有的是相同或多种器形的瓷器杂混在一起，且无一定规律可循。第一次发掘面积为150平方米，发现了个别的窑炉遗迹，清理出陶瓷器废弃品堆积处，出土陶瓷器2500余件。瓷器釉色有青花、青釉、青黄釉、酱褐釉等种，器形主要有罐、碗、壶、碟、盘、盅、灯盏、瓮、盆、器盖及烟斗、香炉等生活用具。陶器有垫具、垫托、垫饼、匣钵盖及火照等窑具，另出土个别的男人头瓷像、瓷龟、陶象棋子、陶砚台及铜钱等遗物。

为进一步了解福安窑址保存现状及窑炉形制结构、装烧技术特点等情况，2004年3～4月，省文物考古研究所又对窑址进行了第二次清理发掘。因要搞清窑炉所在的确切位置，重点选择在岗坡南北两面各布2个5米×10米的大探沟。在逐步揭露窑炉遗迹的清理过程中，为较全面地认识窑炉的整体面貌和结构特点，又在发现窑炉遗迹的探沟近旁进行了必要扩方。这次发掘面积400平方米，共清理出的5座窑炉遗迹都遭受不同程度毁坏，从其形制结构特点来看，都为横式阶级窑类型，属于龙窑系统。此外，还对陶瓷器废弃品倒放堆积点进行了一定清理。出土遗物较为丰富，共遴选出3500余件陶瓷器，其中有些是完整器或可复原的。瓷器釉色则有青花、青釉、青黄釉、酱褐釉、黄褐釉、黑褐釉等种，器形主要有罐、碗、壶、碟、钵、盘、盅、瓮、盆、缸、器盖及香炉、灯盏、瓷杈、烟斗等生活用具。此外，还出土有垫饼、垫具、匣钵盖、火照等陶窑具。

经过对窑址进行的两次考古工作，发掘面积达550平方米，清理出5座窑炉遗迹和3个陶瓷器废弃品倒放堆积处，遴选出土陶瓷器6000余件。根据窑炉残存的布局特征与形制结构来看，是为横式阶级窑，当属龙窑发展的最后一种窑型；再从对出土瓷器釉色、器形特点的初步分析，可推断窑址年代当在清代早期。福安窑址的清理发掘，是海南建省以来首次进行的窑址考古工作，它不仅填补了我省在古窑址考古上的一个空白，具有一定的文物考古价值，而且窑址发掘所取得的重要成果，为认识和探讨海南清代陶瓷业受南方古窑业技术影响及其发展情况也有一定的研究意义。此外，发掘所提供的考古资料，为下一步对福安窑址采取文物保护措施提供了必要的实物依据。

在对福安窑址进行的两次考古发掘期间，海南省文体厅及澄迈县文化宣传部门的有关领导先后多次到窑址工地进行视察，并听取了考古队关于发掘情况与工作进展的汇报，充分肯定了窑址发掘所取得的阶段性考古成果。有关福安窑址发掘所取得的考古收获，《中国文物报》《海南日报》《海口晚报》《南国都市报》与海南广播电视台、海口广播电视台等新闻宣传媒体都及时进行了一定报道，这对了解海南古代历史文化，向广大群众进行国家《文物法》的宣传和普及保护文物的意识，都起到了很好的推动作用。

考古资料整理工作，分别在两次考古发掘的后期就已开始，即边发掘边整理。待田野发掘工作基本结束后，即在工作驻地及时对发掘资料做了一定整理，并对出土陶瓷器文物进行初步分类统计和编号登记等基础性工作。在即将开始编写福安窑址考古报告时，因要配合省重点基本建设项目——大广坝水库灌渠改扩建工程，省文物考古研究所有关业务人员被抽调参加水库淹没区沿线地区的考古调查。此后不久，为执行国家文物局关于实施第三次全国文物普查任务的统一部署，全省又正式开展了大规模文物普查，省博物馆全体业务人员都参加了这项重要的文物普查工作。因此，关于窑址考古报告的编写工作也随之往后延迟。

近期，海南省博物馆与省文物考古研究所十分重视田野发掘材料的整理编写工作，其中，福安窑址考古发掘报告也被列为馆、所业务工作中需要完成的项目之一。2018年7月，馆、所领导安排相关业务人员开始进行该考古报告的编写工作。窑址发掘材料和出土遗物已在室内进行了初步分析整理，参加整理工作的有郝思德、王明忠、李钊、蒋斌等人。在此材料整理的基础上，又进一步对编写报告中需要采用的陶瓷器标本做了新的遴选，并进行了较为详细的分类统计和分析整理，参加此项工作的有郝思德、韩飞、张聪、王颖等人。现已编写出《澄迈清代福安窑》，书中内容分为六章，主要是对窑址的地理环境、考古发现、发掘经过、文化遗迹与出土遗物等作了较全面的介绍，并初步探讨窑炉结构特点、出土陶瓷器类型、文化特征及其考古发掘的文物价值与重要意义。

《澄迈清代福安窑》考古报告由王大新任主编，郝思德任副主编，郝思德负责统筹报告编写工作和校阅书稿全文。根据书中各章节内容，采取分工合作的方式，具体安排人员撰写，人员分工如下。

前三章由王明忠、蒋斌执笔，第四章、第六章由郝思德、王大新执笔，第五章由黎吉龙、张聪执笔。

文物摄影由韩飞负责，文物绘图由张聪负责。

在本报告编写过程中，海南省博物馆与海南省文物考古研究所领导给予了关心和支持，并抽调馆内考古队和水下考古中心的业务人员进行协助配合，馆内相关部室人员也提供了一定帮助，确保发掘材料整理和考古报告编写得以顺利完成。在2004年的第二次考古发掘期间，我们专门邀请福建省博物馆文物考古工作队栗建安研究员到窑址发掘工地进行业务指导。福安窑址发掘经费及考古报告出版经费均由国家文物局拨专款提供。科学出版社领导和责任编辑十分关心考古报告的编写，并提出许多较好的建议。在本报告即将付梓出版之际，谨此致以衷心感谢。

目　录

前言

第一章　澄迈历史沿革与地理环境　001
　一　历史沿革　002
　二　地理环境　002
第二章　澄迈古窑址分布及福安窑址考古发现　005
　一　澄迈古窑址分布　006
　二　福安窑址考古发现　007
第三章　福安窑址的发掘经过　011
　一　2002年的考古发掘　012
　二　2004年的考古发掘　014
第四章　文化遗迹　017
　一　地层堆积　018
　二　窑炉　018
　三　陶瓷器残次品倒放堆积地点　025
第五章　文化遗物　027
　一　瓷器　028
　二　陶器　138
　三　其他遗物　156

第六章　结语　157
一　建窑条件与窑炉特点、装烧技术　158
二　陶瓷器类型及其文化特征　164
三　窑址年代及其重要意义　166

第一章

澄迈历史沿革与地理环境

一、历史沿革

澄迈县位于琼州海峡之南，海南岛北部。秦代时，始皇帝略定岭南之后，即在这里开置桂林、南海、象三郡，包括澄迈地所在的海南岛当为象郡之外徼。西汉武帝元封元年（公元前110年），始在岛上设立珠崖、儋耳二郡[1]，其中，珠崖郡下辖的苟中县当在今澄迈地[2]。不久后，汉元帝罢弃珠崖郡，苟中县也随着废之。直至隋朝大业六年（公元610年），又在当地复置县，以其地近旁澄江和迈山之首字为县名，称之为“澄迈”县，县名自此始，一直沿用至今。唐隶于崖州，宋属琼州，元先后分属琼州路安抚司、乾宁安抚司，明又改置于琼州府，清袭明制仍置于琼州府。澄迈县历经上千年之久，其县名一直沿用至今未变。中华民国时期，澄迈县先后辖于琼崖绥靖处、琼崖道管辖、琼崖行政区专员公署、海南特别行政区长官公署等。

中华人民共和国成立不久，澄迈县于1950年4月22日解放，先后辖于海南军政委员会、海南行政区公署。1958年12月，澄迈与临高两县合并，定名金江县，县治驻金江镇，属海南行政区公署。1961年5月又恢复澄迈与临高两县的行政建制，澄迈县县治仍驻金江镇，属海南行政区公署。1984年10月，辖于海南行政区人民政府。1988年4月13日，海南建省，澄迈县隶属海南省人民政府。

二、地理环境

澄迈县地处海南岛北部，东与海口市、定安县相邻，南与屯昌县、琼中黎族苗族自治县接壤，西与儋州市、临高县毗连，北隔琼州海峡与广东雷州半岛相望。

澄迈县分布面积约2072平方千米，境内地势基本上为西南高东北低，自南向北大致呈阶梯状逐渐下降，可分为丘陵岗地、丘陵台地、平原三种类型。西南部属丘陵山岗地形，中部与东部属南渡江沿岸河积平原，北部为台地及滨海海积平原。县境内的大王岭海拔513米，为最高的一座山峰。发源于白沙县南峰岭的南渡江（流经澄迈县境内的江段被称为金江）从县境西南方进入，自南而北贯穿中部，又折向东面流去，在水发镇近旁流出县境外。金江在澄迈县境内的两侧分布有较多的小支流[3]。

福安窑址所在的中兴镇位于澄迈县西南部，这里属南渡江左岸较为起伏的丘陵山岗地区，在其镇境内部分区域蕴藏有较丰富的高岭土资源。全镇境内分布有众多小溪支流，它们均注入南渡江。古窑址就坐落在中兴镇之北福安村近旁的促进山岗坡地上，西近邻南北走向的封克岭山地，往南不远处即为促进山水库，向北连美杨村，往

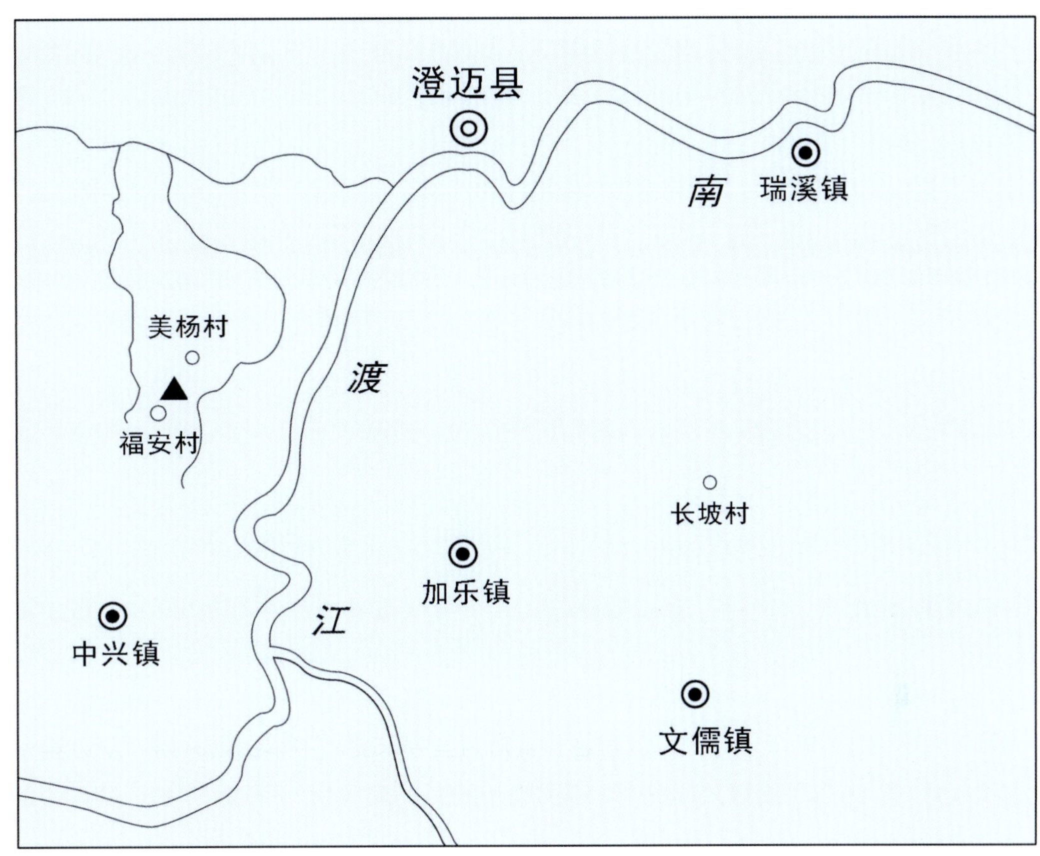

图1-1　福安窑址位置示意图

东约8.2千米为南渡江（图1-1）。促进山位于福安村东北约1.5千米，属于一座较低矮的山岗，高近13米左右，南渡江（澄迈县金江段）二级小支流美杨河经福安村西面自南而北流去，后汇入南渡江。

注释

[1]　班固：《汉书・贾捐之传》，中华书局，1962年。

[2]　李勃：《海南岛历代建置沿革考》，海南出版社，2005年。

[3]　海南省澄迈县县志编纂委员会编：《澄迈县志》，海南出版社，2008年。

第二章

澄迈古窑址分布及福安窑址考古发现

近年，在海南省实施的第三次全国文物普查中取得了十分重要的收获。据省文物局有关全省各市县不可移动文物名录统计资料可知，在今澄迈县已知的不可移动文物名录中，现有8处古窑址，它们都是在20世纪进行考古调查中相继被发现的。这些古窑址主要分布在该县西部区域，其中促进山窑址（即福安窑址）是较重要的一处古代文物遗存，也是迄今为止海南省保存较完好的一处古窑址，具有一定的历史文物价值。

一、澄迈古窑址分布

澄迈县现保存的8处古窑址，都是先后发现于20世纪六七十年代。它们主要分布在县境西部区域，这里属丘陵山岗地势环境，也是全县蕴藏高岭土矿产资源较为丰富的地区之一。

早在1960年，澄迈县文化馆干部下乡开展工作时，在太平公社（今属金江镇）昌茂村碗灶山一带发现了古代陶瓷器残件，并及时上报有关文化部门。广东省文物管理委员会获悉报告后，即派有关业务人员前往实地进行考古调查，据对现场发现的遗迹和采集陶瓷器的初步判断，认为这是一处古窑址[1]。1964年5月，广东省文物管理委员会业务人员再次到澄迈县进行文物调查，在山口公社（今属中兴镇）福安、美杨、白山、善井等村庄发现了5处古窑址，采集到部分陶瓷器遗物[2]。20世纪70年代，又在金江镇下山村和山口公社高山朗村各发现1处古窑址[3]。

在澄迈县发现的古窑址中，分别为碗灶山、碗灶墩、缸灶墩、促进山、深田山、红泥岭、南富山、深涌岭8处。从这些古窑址分布的地理位置来看，其中，除碗灶山、南富山、深涌岭3处窑址坐落在县境稍偏中部外，其余5处窑址皆分布在县西部丘陵山岗地一带。这些古窑址所处的自然地理环境均具有一定特点，在它们附近都分布有较为丰富的高岭土矿产，且又临近南渡江或其支流，这对烧造陶瓷器及往外运输产品是十分便利的条件[4]。

碗灶山窑址　位于今金江镇昌茂村碗灶山。碗灶山为一座较低矮的丘岗，窑址坐落在岗坡中部，发现有5座窑炉，相互间距约5～30米不等。窑炉为三大二小，经对发现的遗迹初步判断，它们都属于馒头窑，平面皆呈圆形，直径约10～15米，高近5～7米。在窑炉近旁发现有4处制坯工场遗迹，地面上还堆积较多残存的灰白色瓷土。采集有少量碗、碟、瓶、杯等瓷器，釉色为青釉、灰釉、黑釉等。

碗灶墩窑址　位于今中兴镇善井村西北的碗灶墩。窑址坐落在近椭圆形较缓的岗丘上，发现有2座斜坡式龙窑，都采用窑砖筑砌而成。每座龙窑长约25米，宽近3米，其窑顶、窑壁均已坍塌无存。在窑址附近发现有陶瓷器残片堆积，地表上散布有碗、罐、碟、壶、杯等青花瓷器残件。

缸灶墩窑址　位于今中兴镇美杨村北缸灶墩。共发现2座窑炉，其中1座为龙窑，依山坡地势而修筑，近呈斜坡式，为窑砖砌成，长约25米，宽近3米。另1座为馒头窑，坐西向东，平面近呈椭圆形，长径15米，短径10米。在窑址地表采集有碗、碟、壶、杯等瓷器及陶盆残片。

深田山窑址　位于今中兴镇善井村东北的深田山。窑址坐落在低缓的坡地上，未见到窑炉，形制结构不清。地表上散布遗物范围约200米×300米，采集有碗、碟等瓷器残片。

红泥岭窑址　位于今中兴镇白山村西红泥岭。窑址坐落在较缓的山坡上，属龙窑，分布范围约830平方米。地表散布有许多陶瓷器残片，采集有碗、碟、壶、杯等青花瓷器残片。

促进山窑址　位于今中兴镇福安村东北的促进山。窑址坐落在较缓的坡地上，属龙窑。地表上散布遗物有青花碗、壶、盘和青黄釉罐、碗、碟、盅等瓷器残片。

广东省文物管理委员会业务人员在考古调查后，经初步分析和推断，认为上述6处古窑址年代可能是属于元代[5]。

深涌岭窑址　位于今金江镇高山朗水库东南山坡上，近临南渡江。发现的3座馒头窑成品字形排列，每座窑直径约15～18米。在窑址近旁采集有青釉和青灰釉罐、碗、盘等瓷器残件，少量青釉瓷表面有冰裂纹（图2-1）。经初步判断窑址年代当为宋代。

南富山窑址　位于金江镇下山村南富山近旁，紧临南渡江支流美扬河。20世纪70年代进行考古调查时，发现有3座馒头窑炉，已遭到毁坏。地表上散落有部分瓷器残件，器形主要有碗、罐、碟、烛台、烟斗等（图2-2）。经初步判断窑址年代当为清代。

二、福安窑址考古发现

促进山窑址是1964年在澄迈县进行文物调查时发现的5处古窑址之一，它所在的村庄叫福安村。在20世纪60年代人民公社化运动时，因福安村近旁促进山，故改称为促进大队。其时，在文物调查发现的这座窑址就被称为促进山窑址。到20世纪80年代，因进行乡镇行政区划的变化调整，促进大队又改为原名福安村[6]。由于窑址在福安村地界内，故现正式称为福安窑址。

窑址位于今中兴镇福安村东北约1.5千米，坐落在促进山稍缓的岗坡上，东、北两

图2-1　深涌岭宋代窑址地表散布的瓷器

图2-2　南富山清代窑址地表散布的瓷器

图2-3　福安窑址远景

面旁依较为茂盛的树林（图2-3），往西约150米近临南渡江二级支流美杨河，向南为通往福安村的一条村道，再往南约2千米为促进山水库。岗丘呈近长条形，南北走向，东西略窄，南北稍长，相对高度近13米。窑炉就分布在岗丘偏西的缓坡上，现地表已长满成片的灌木，缓坡西下连接一片较开阔的荒芜河滩地。

1964年广东省文物管理委员会业务人员在澄迈县进行文物调查时，发现了这处促进山窑址，采集少量陶瓷器残件，初步判断为一处元代窑址。海南解放后，当地村民为建房而随意挖窑取窑砖，窑址遭到了一定毁坏。后来，又有一些村外人到此非法挖掘窑址，取走部分陶瓷器遗物，窑址也受到一些破坏。

1988年海南建省后，省文体厅十分重视全省文物保护管理工作，为公布建省后第一批省级文物保护单位名录，需要准备相关的文物材料。因此，省文管办委派省博物馆业务人员复查了福安窑址（即原促进山窑址），在窑址西断面上发现了较多陶瓷器残件，采集部分罐、碗、盘、壶、碟、垫具等遗物，认为这是海南省保存较完好的一处古窑址。此后，时有人到窑址进行非法盗掘，取走部分陶瓷器遗物。在20世纪90

年代，为落实国家文物局关于编撰《中国文物地图集·海南分册》的工作，省博物馆业务人员再次对福安窑址进行了复查。此后不久，为了完成国家文物局制定的《南海诸岛考古项目》中关于西沙群岛文物普查的任务，省文管办抽调省博物馆业务人员参加西沙群岛文物普查工作。因此，福安窑址的考古发掘被迫暂时搁置下来。直到进入21世纪初，由于省博物馆考古专业人员力量得到了一定加强，在省文管办的安排协调下，才正式启动了福安窑址的考古项目，于2002年和2004年分别进行了两次清理发掘工作。

注释

[1] 曾广亿：《海南岛汀迈古瓷窑调查记》，《考古》1963年第6期。

[2] 曾广亿：《广东博罗、揭阳、澄迈古瓷窑调查》，《文物》1965年第2期。

[3] 海南省博物馆、海南省文物考古研究所编：《中国文物地图集·海南分册》，待出版。

[4] 海南省澄迈县县志编纂委员会编：《澄迈县志》，海南出版社，2008年。

[5] 曾广亿：《海南岛汀迈古瓷窑调查记》，《考古》1963年第6期；曾广亿：《广东博罗、揭阳、澄迈古瓷窑调查》，《文物》1965年第2期。

[6] 海南省澄迈县县志编纂委员会编：《澄迈县志》，海南出版社，2008年。

第三章

福安窑址的发掘经过

1988年海南建省之后，随着全省社会经济建设的迅速发展，省文体厅十分重视全省文博考古事业的发展，在积极配合开展的基本建设工程中，努力加强全省的文物保护管理工作。2002年，为了对澄迈县福安窑址采取文物保护措施，省文管办委托省文物考古研究所对窑址进行抢救性发掘，以了解和掌握该处文物的现存状况及其文化内涵，为下一步实施文物保护提供重要的科学依据。在经国家文物局审批同意后，于2002年和2004年，省文物考古研究所先后对福安窑址进行两次清理发掘，并取得了较重要的考古收获。

一、2002年的考古发掘

2002年5～7月，受省文管办委托，由省文物考古研究所业务人员组成的考古发掘队，对福安窑址实施了抢救性清理工作。省文物考古研究所所长郝思德任领队，省文管办王大新任副领队，共同主持发掘工作，参加人员还有王明忠、黎吉龙、蒋斌等。

古窑址坐落在促进山的岗坡地上，岗坡的西面和南面逐渐往下低缓，顶部较为平整，地表长满了较高的树木。在对窑址地表进行清理之后，发现了分布有几条东西走向的冲沟，在其两侧旁各隆起几个较长的条形土堆，周边散布一些陶瓷器残片。为了解窑址的分布范围、地层堆积及其窑炉的具体位置等情况，在窑址地表进行了较全面的考古钻探。通过钻探结果，初步判断窑址分布面积近2500平方米，同时还了解到其地层堆积是十分混乱的。考虑到窑炉可能坐落在岗坡偏顶部较高的位置上，因此，在山岗稍南的坡上布6个5米 × 5米的探方，编号分别为T1～T6，后又往其东南约15米近坡尾处布1个5米 × 5米的T7探方。在清理过程中，因随着探方内堆积情况的不同变化，其中有的为不完整探方，有的因发掘需要，又进行了一定的扩方。

在清理发掘中，发现探方内陶瓷器堆积现十分混乱，多种器形的遗物混杂在一起，较难认清窑址地层的层位关系。经初步分析判断，可知各个探方的表土堆积都不太厚，都为黑褐色腐殖土，一般较疏松，内含一些陶瓷器残片和窑砖、垫饼等遗物。揭去表土后，往下一般为红褐色沙土层，内含有较粗沙粒，地层中几乎是许多混杂在一起的瓷器堆积，杂乱无序，也无规律可循（图3-1）。其杂乱堆积中的遗物，有的是陶瓷器残件，有的是已变形的瓷器次品，仅有少量为完整器，器形主要有碗、罐、壶、盘、碟、盅、香炉等，另有一些垫饼、垫具等窑具。在胶结叠压在一起的器物中，少的仅是二三件或四五件，较多的有十几件，最多的是成摞达几十件或有上百件，它们一般是已变形的瓷器废弃品（图3-2、图3-3）。这些胶结在一起的器物中，器形主要是以碗为多，少量的是罐、碟、盘、盅等，有的还是两种器形相互叠压的，另有少量器物底部还胶结有垫饼或垫具等。

在探方清理发掘中，从发现的一些陶瓷器残次品杂乱无章堆积来看，这应是窑场在烧造瓷器时，因出现废品而就地随意丢弃倒放的一种情况。由于T1～T6的6个探方位于岗地稍偏南的缓坡处，因较长时间经雨水不断地冲刷，在其近旁处形成了较深的冲沟，这里极可能成为随时就地近抛扔陶瓷器废品的倒放之处，当是一处很方便的地方。T7探方已处在较靠南的坡尾地方，地势已明显往下低去，这里也应是倒放陶瓷器废品的方便之地。由此看来，这些陶瓷器废品倒放堆积处是就近选择的地方，可能并不是有意挖掘出一个大坑来倒放使用的，因为在清理发掘时，并没有发现废品倒放地有明显人工挖掘的边界。

此次考古发掘时间为5月30日～7月6日，计38天。共清理7个探方，因有的为不完整探方，发掘面积近150平方米，发现1座窑炉的部分遗迹，还清理3个陶瓷器废品倒放堆积处（图3-4）。出土遗物较多，根据釉色、器形、纹饰的不同，遴选出陶瓷器标

图3-1　清理出的陶瓷器残片

图3-2　胶结成摞的瓷碗

图3-3　胶结成摞的瓷碗

图3-4　陶瓷器废品堆积

本近2500余件，其中，完整和可复原的器物有数百件。瓷器釉色有青花、青釉、青黄釉、酱褐釉等，其中以青黄釉、青釉居多，青花、酱褐釉次之。器形较为丰富，主要有罐、碗、壶、碟、盘、盅、灯盏、瓮、盆、器盖及烟斗、香炉等生活用具，其中以碗、碟、盅等为主。另有垫具、垫托、垫饼及火照等陶窑具，其中以垫饼居多。另还出土个别的男人瓷头像、瓷龟、陶象棋子、陶砚台及铜钱等遗物。

二、2004年的考古发掘

为进一步认识福安窑址保存现状及搞清窑炉的形制结构、烧造特点等情况，2004年3～4月，省文物考古研究所又对窑址进行了第二次发掘工作（图3-5）。参加第一次窑址考古发掘的业务人员仍继续进行此次窑址的清理工作。期间，有关部门领导到发掘工地进行视察指导工作（图3-6）。

从窑址第一次发掘工作中清理探方的情况看，主要是发现了陶瓷器废品的倒放堆积地，还没有摸清窑炉的具体分布方位。为了更好地搞清窑炉的确切位置所在，在这次发掘布方时，主要选择在促进山坡地的冲沟近旁较为隆起的长条形土堆上，于岗坡地南、北两面各布2个5米 × 10米的大探沟。其中南面2个探沟位于T7探方东4米处，编号为T8～T9，北面2个探沟位于岗坡较北处，编号为T10～T11。在发掘的进程中，发现各探沟内地层土色及包含物堆积情况有一定的变化，出现有部分较完整的陶瓷器遗物散布现象，并相继清理出几座窑炉的部分遗迹。因此，为较好地了解几座窑炉遗迹的整体面貌和认识其结构特点，各探沟又分别进行了一定的扩方，以全部揭露出窑炉

图3-5　福安窑址发掘现场

图3-6　有关部门领导视察发掘工地

的形制结构遗迹。

在第二次窑址考古发掘中，共清理出5座窑炉，编号分别为Y1～Y5。通过对窑炉遗迹的清理发掘，发现它们都遭受到不同程度的毁坏，其中，Y1遗迹基本上保存较为完整些，Y2次之，其余3座窑炉仅残存部分遗迹。窑炉中清理出部分陶瓷器（图3-7），器形有碗、罐、碟、盘、壶、瓮、香炉、灯盏、瓷杈、垫具、垫饼等。从窑炉形制特点上看，5座窑炉都为横式阶级窑，属龙窑系统，它们都是依山岗坡势呈东西向往上砌筑而成。此外，还对陶瓷器废品倒放扔弃堆积进行了清理，也出土了部分陶瓷器残件。

第二次考古发掘时间为3月15日～4月27日，计44天。共清理4个探沟，后又扩方，发掘面积约400平方米。其中，发现5座窑炉，出土遗物比较丰富，多达数千件。根据陶瓷器质地、釉色、器形及纹饰等方面的不同特征，遴选近3500件，其中有的也是完整器或可复原的。瓷器釉色主要有青花、青釉、青黄釉、酱褐釉、黄褐釉、黑褐釉多种，仍以青黄釉、青釉居多，青花、酱褐釉次之，黄褐釉、黑褐釉甚少。瓷器种类较为复杂，器形主要有罐、碗、壶、碟、钵、盘、盅、瓮、盆、器盖及香炉、灯盏、瓷杈、烟斗等生活用具。此外，另还出土垫具、垫饼等装烧窑具。

福安窑址经过2002年和2004年的两次考古发掘，清理总面积为550平方米，取得了

图3-7 清理出的瓷器

很大收获。发掘出5座横式阶级窑窑炉，基本搞清了窑炉的窑型与结构特点，初步了解其装烧工艺。同时，也清理了几处陶瓷器废品倒放堆积地，这可能反映了清代福安窑当时的装烧技术较为一般，烧造水平也相对不高。出土十分丰富的文化遗物，为认识福安窑陶瓷器的类型及其文化特征提供了较为重要的考古材料。

第四章

文化遗迹

经对福安窑址进行的两次考古发掘，共清理出5座窑炉和3处陶瓷器废品倒放堆积地点。其中，Y1窑炉遗迹基本保存较为完整，其余4座窑炉已遭到了很大程度的毁坏。从窑炉的结构特点来看，都为横式阶级窑窑型，属于龙窑系统。发现的陶瓷器废弃品堆积地，应为当时烧制出窑后部分陶瓷器残次品被扔弃倒放之场所。

一、地层堆积

在福安窑址所坐落的山岗坡上，有数条宽约2.4～3.6米不等的东西向冲沟，于冲沟的两侧旁分布几座较隆起的长条形土堆，其地表上散布很多陶瓷器残片。经窑址考古钻探可知，这些长条形土堆有可能是窑炉遗迹所在，因此即选择在这里布探方进行清理发掘。在对窑址进行的两次考古发掘中，并未发现有明显的文化层叠压或打破关系，其地层堆积相对较为简单。除地表上散布有一些陶瓷器残片外，揭开表土层后，发现其下面的地层中有较多陶瓷器残次品相互混杂在一起的堆积现象，显得颇为杂乱无章，并无一定规律可循。其中，在发现的陶瓷器杂乱堆积中，有的是陶瓷器的废品，有的是陶瓷器残件，它们被混杂地抛扔、倒放在一起。在考古发掘中，随着清理工作的进行，相继暴露出一些窑炉遗迹，为此又进行了必要的扩方发掘，共发现5座窑炉遗迹。

窑址地层堆积较为简单，现以T11探沟地层情况为例。

第一层　表土层，为黑褐色腐殖土，土质略疏松。内含少量陶瓷器残片及窑具、窑砖等，当是因进行多年耕作翻掘扰乱所致的。厚约12～25厘米。

第二层　红褐色沙土，内含有大量红烧土，土质较疏松，基本上分布于整个探方之中。在探沟中部和东南部区域有较厚的遗物堆积层，其中有碗、盘、罐、盆、缸等瓷器。在探沟近北处发现了1座窑炉遗迹（编号为Y1），出土了一些罐、碗、碟、瓶、盆、香炉、瓷杈等瓷器，另有较多的窑具、窑砖等。厚约40～150厘米。

第三层　灰褐色沙土，间夹有部分红烧土，土质稍硬，主要分布于探沟南部。此层中发现有一些成摞的碗、盘等瓷器残次品堆积，有的还胶结有罐、碟、瓶、杯等瓷器，碗摞间也杂有少量红烧土和残窑砖。厚约30～65厘米。

第四层　近灰白色土，当为泥浆层，且混杂有部分沙粒，质地较坚硬。内含有少量青釉碗、碟残片。厚约20～80厘米。

往下即为生土层。

二、窑炉

福安窑坐落在稍倾斜的一座山岗坡上，为一处平面略呈长方形分布的龙窑遗址。因窑址地表常年经受雨水的不断冲刷，已在其上逐渐形成了几条东西走向的冲沟，在冲沟近旁有较为隆起的长条形土堆，土堆上即发现有窑炉遗迹。经过清理发掘，发现的5座窑炉（编号为Y1～Y5）皆都沿斜坡地势呈东西向修筑而成，且均按南北向相互间隔地依次分布排列。

从清理出的5座窑炉保存情况看，它们都受到不同程度的毁坏，遗迹现存状况各有所不同。其中，Y1遗迹大致保存较完整些，基本上能够看到窑炉形制面貌及其结构特征，其余4座窑炉遗迹保存相对较差些，有的仅残存小部分窑床遗迹。另有个别窑炉可能是压在较早的窑址上，因没有进一步进行清理发掘，还未能知道其具体的保存状况。窑炉内的堆积相对较为杂乱，窑床上也出土了数量不等的陶瓷器残次品及窑具、窑砖等遗物。

下面分别介绍5座窑炉遗迹，其中，重点是保存较好的Y1窑炉。

Y1　发现于T11探沟的偏北处，随着相继暴露的窑炉遗迹与清理发掘的进程，即顺着Y1相关遗迹向东、北、西三面逐渐扩方，以寻求窑炉保存的全部遗迹及了解其整体面貌。通过全面清理揭露，可以看到整座窑炉结构现存的基本情况，其窑身主要是由窑头、窑室、窑尾三部分组成，是属于龙窑系统（图4-1）。窑炉平面呈长方形，方向295°，近为东西向，坡度约为22°，总长近15米，宽约3.6米，分布面积为54平方米（图4-2）。在清理该座窑炉遗迹的过程中，可知窑床底部是呈斜坡状逐渐往上延伸，窑炉的部分遗迹虽已遭到一定毁坏，但从整体上来说，基本上还保存有窑炉的全貌。根据窑炉现存的形制结构特点与其内部遗迹分布情况来看，其窑型是属于一座横式阶级窑。

从Y1砌筑窑炉所使用的窑砖形制、规格来看，当是有所不同，可分为方形、长方形、梯形和楔形等，应是砌筑窑炉时分别用到不同的地方。方砖长、宽为0.26米，厚

图4-1　Y1（全景）

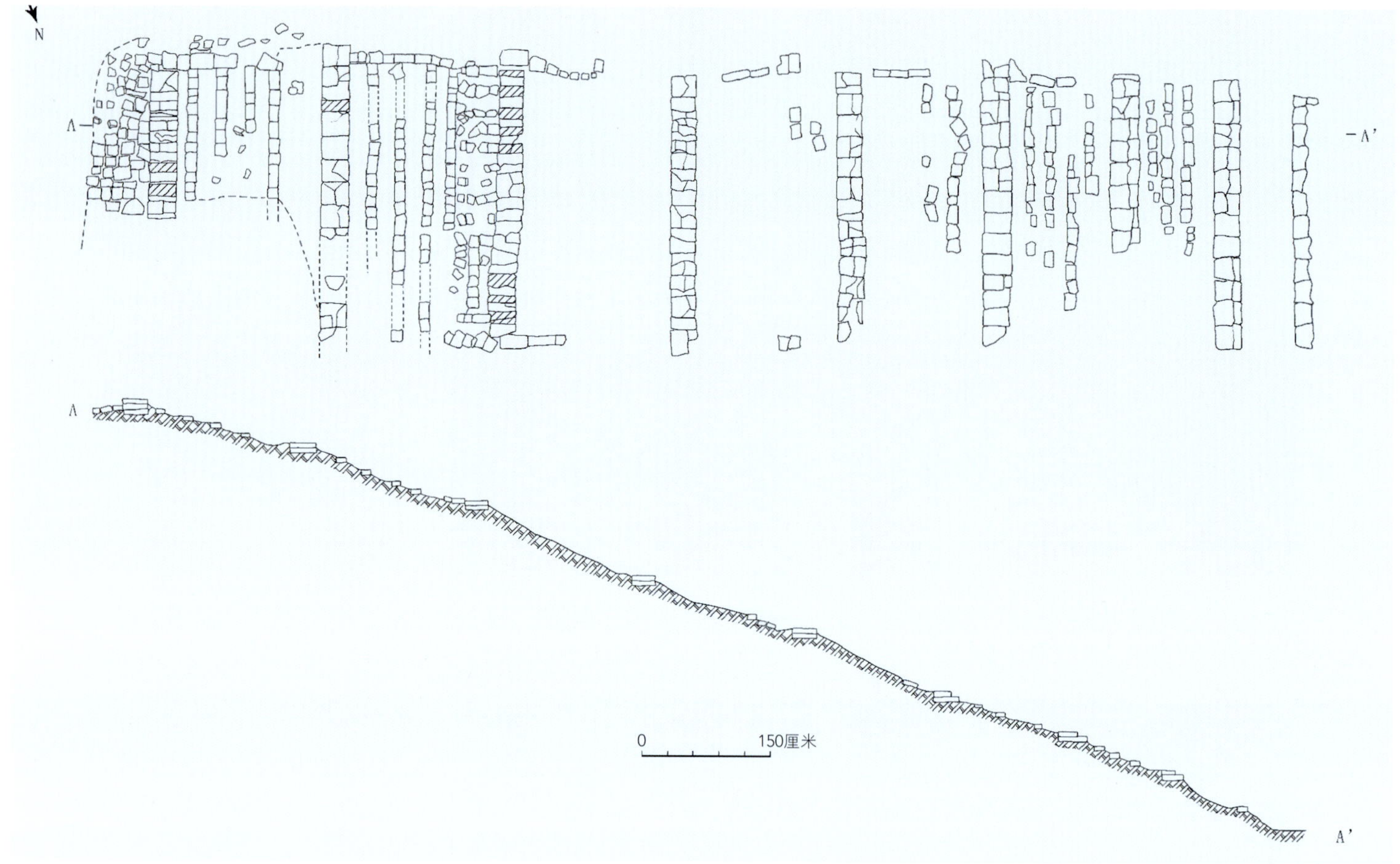

图4-2 Y1平、剖面图

0.06米，主要用来砌筑窑壁、投柴口等；长方砖长0.3～0.36米，宽0.11～0.13米，厚0.05～0.06米，一般用于修筑窑壁、烧台、通火孔等；梯形砖上宽0.23米，下宽0.28米，长0.33米，厚0.65米，主要用来砌筑隔墙、通火孔等；楔形砖长0.2～0.23米，宽0.18～0.26米，厚0.05米，专用于砌筑拱形窑顶。

在清理该窑炉遗迹中，发现整个窑顶早已倒塌不复存在，部分塌下的楔形顶砖散落在窑室内，未发现有窑门。因此，窑炉原有的整体面貌已不太明了，窑床上现存的遗迹主要有火膛、窑壁、窑室、排烟口等，另还散布有一些陶瓷器及其残件（图4-3、图4-4）。

火膛　位于窑头的前端，平面大致呈长方形，近斜坡状，是烧火的地方，属于燃烧室，其上部为灰土堆积，往下至底部为红烧土面，进深约0.66米。因其前面两侧的大部分窑壁已遭毁坏无存，仅残存最底部的一层长方形红砖，窑门原状已不太清楚了。靠近火膛前壁外的地面分布有大量灰土堆积，并沿其方向往外延伸，有一长约1.6米、宽近3.6米的遗迹，厚约0.15～0.2米，在其底部还存有部分砖层，是否为当时烧窑的工作面。紧邻火膛后部建有一通火道隔墙，是用长方砖、方形砖、梯形砖等混筑而成，共设有17个竖状长方形通火孔，点燃窑炉后的窑内烟火即经过该火道通往其后面的窑室。

窑壁　Y1原有的南北两侧相互对称的墙是为窑壁，都是采用长方砖平铺顺放错缝砌筑而成的，当为直立窑壁墙。其中，南窑壁自火膛始起，呈东西向一直往上延续至窑尾的排烟口，现该窑壁底部遗迹保存稍为完整，仍存留较多原来砌筑的长方形窑砖。北窑壁前半部分保存还稍好，残存有往上延续砌筑的部分长方砖，后半部分窑墙仅存留下一些断续的砖块。窑顶现已倒塌无存，仅在窑床底上残存一些楔形砖，是当时用来砌筑起券的拱形窑顶。

窑室　火膛的通火道隔墙之后即为窑室，是窑炉结构的主要组成部分，其装坯处即是烧成带，共由7间组成（图4-5）。它们是依坡势砌筑成呈横向的阶梯式，并分别依次

图4-3　Y1内的陶瓷器堆积

图4-4　Y1内发现的瓷器

图4-5　Y1第3间窑室局部结构

图4-6 北窑壁的投柴口

图4-7 Y2（全景）

往上排列递进，直至窑尾。每间窑室的进深有所区别，一般为0.88～1.9米，故其容积也是各不相同的。其中，第一窑室进深较短，仅为0.88米；第六窑室较长，为1.9米。每间窑室都是由隔墙（含通火孔）、火沟、烧台、投柴口等几部分构成。

隔墙位于每间窑室之间，起到窑室的分隔及通过烟火的作用。隔墙都是采用单块梯形砖砌筑而成的，其下面按一定间隔立有单砖，上面再平铺一层单砖，由此构成多个通火孔。现第一至第三间窑室的隔墙上还保存有较完整的通火孔，分别为17、19、16个。后四间窑室的隔墙通火孔现已保存不全，第四和第七间窑室的仅存6和8个，第五和第六间窑室均已遭到毁坏，荡然无存。

烧台位于后隔墙之前，火沟之后，一般是采用单块长方砖横向垫铺一层于窑床底部，呈台阶式相互间隔地往上排列。每间窑室铺有3～5行不等的烧台，它是作为进窑炉摆放被烧造器坯之处。现各间窑室仅残存2～4行不等的垫砖烧台。

火沟位于每间窑室前隔墙与砖烧台之间，显得较为宽阔，底部稍低洼，土色呈红褐色，质地较为板结，上部堆积有红烧土及散布一些陶瓷器残片。

投柴口位于每间窑室前方的两侧窑壁处，与火沟两端相通联，采用方砖和长方砖砌筑成一个小方台，中间设有一长方形孔道，用于投放燃柴。南窑壁现保存7个投柴口，北窑壁仅存3个投柴口（图4-6），宽为0.4～0.5米。

排烟口　位于窑室东面的窑尾处，是烧造陶瓷器坯件时的烟气排出口。原是在窑室末端横筑一挡火墙，其上应有烟火弄和排烟坑，排放窑内的废烟气。现排烟口已遭到大部分毁坏，其原貌已不清。从残存的遗迹来看，窑尾末端的挡火墙是采用长砖及部分断砖错缝平铺砌筑而成的，现残高仅0.2～0.35米。

Y2　位于T9探沟，在Y3南侧不远处。虽整座窑炉的结构布局大体上残存下来，但因毁坏较为严重，仅保存有残缺不全的部分遗迹。窑炉形制结构与Y1相同，窑身也分为窑头、窑室、窑尾三部分，属横式阶级窑（图4-7）。窑炉平面呈长方形，方向303°，近为东西向，坡度为25°。总长近16.4米，宽约3.2米，分布面积近53平方米。从残存遗迹来看，拱形窑炉顶已受到破坏，坍塌未存，只留有火膛、窑壁、窑室、排烟口等不太完整的遗迹，发现有陶瓷器残次品堆积（图4-8）。位于窑头的火膛地表近斜坡状，布满了红烧土与黑灰土堆积，间杂有部分残窑砖，未发现窑门。两侧窑壁墙保存有所不同，其中，北窑墙大部分已遭毁坏不复存在，除南窑墙近东壁底残有一小段相连的窑砖外，其往西的窑壁底部仅存留较为断续的窑砖残垣。窑身主要由7间窑室组成，呈阶梯式依次间隔排列，每间面积稍有区别，其内部遗迹也已损毁保存不全。窑室也是由隔墙（含通火孔）、火沟、烧台、投柴口等几部分组成。有的隔墙因毁坏严重，未见有通火孔；部分窑室的隔墙还保留有16～19个不等的通火孔。在个别窑室内残留有几个砖烧台，有的窑室还保存有投柴口的小方台。窑尾的末端仅残存有小半段挡火墙，位于这里的排烟口也已大部残破，其形状结构已不明。

Y3　位于T10探沟，在Y5之南。窑炉结构主要是由窑头、窑室、窑尾三部分组成，属横式阶级窑（图4-9）。因该窑炉毁坏十分严重，整体布局结构已残缺不全，仅残存有窑炉的火膛、窑壁、窑室等部分遗迹。窑炉平面呈长方形，方向301°，近为东西向，坡度为23°，总长近14.2米，残宽约2.4米。拱形窑炉顶已毁坏无存，位于窑头

图4-8　Y2内的陶瓷器堆积

图4-9　Y3（残景）

图4-10　Y3内残存的部分遗迹

图4-11　Y4（局部遗迹）

图4-12　Y4内的陶瓷器堆积

前端的火膛地表较为平坦，布满了红烧土堆积，且含少量残窑砖，未见窑门。除南窑壁东段残存一些墙底砖外，两侧窑壁已基本毁坏殆尽。窑身前四间窑室残存部分隔墙（含通火孔）、火沟、烧台的遗迹，散布有较多的红烧土，投柴口小方台也毁坏无存（图4-10）。在窑尾末端仅残存少量砌筑挡火墙的砖块，未见有排烟口遗迹。

Y4　位于T10探沟，处在Y5与Y3之间，属横式阶级窑。该座窑炉大部分已遭到毁坏，窑头与窑室前半部分均不复存在，窑尾部分也残缺不全（图4-11）。从其残存的小部分遗迹来看，现存有的后半部分3间窑室结构也已面目全非，在南北两侧窑壁近东段部分仅剩下底部砌筑窑墙的一层断续长方砖，且南侧窑墙的残砖堆积较杂乱，残存有陶瓷器废品堆积（图4-12）。窑室内的隔墙（含通火孔）火沟、烧台均受到严重毁坏，大部分已荡然无存，很难看到其原来的结构特点。另在个别窑室南端还残留投柴口的小方台砖底座遗迹。

Y5　位于T11探沟，靠近Y1的南侧，属横式阶级窑。此座窑炉已遭到部分破坏，从残存的遗迹看，其形制结构也是由窑头、窑室、窑尾三部分组成（图4-13）。窑头与窑室前半部分基本上已荡然无存，且北窑壁及近旁的部分窑室也毁坏不见，现仅残存后几间部分窑室、南窑壁东段墙与窑尾的一些遗迹，发现有陶瓷器废品堆积（图4-14）。其中，南窑壁东段墙底部仍残存1～2层相连的长方窑砖。后半窑身仍残存几间不太完整的窑室，窑室内的隔墙及通火孔残缺不全，有的仅余底部一层垫砖。火沟、烧台均已遭到一定毁坏，有的烧台还留有较多的垫砖，有的烧台仅散布有零星的垫砖，在个别窑室南端残存有投柴口的小方台砖底座残迹。窑尾遗迹保存较少，原来的挡火墙及排烟口已不很清楚，仅在底部还残存一层竖向平铺的相连窑砖。

三、陶瓷器残次品倒放堆积地点

在对窑址进行的考古发掘中，揭去探方表土层的黑褐色腐殖土后，就发现有分布较密集的陶瓷器废品及其残件与一些残窑砖相混的堆积现象，显得比较杂乱无序（图4-15、图4-16）。随着清理发掘的进行，这种陶瓷器残次品堆积的分布面积也逐渐扩大。同时，其中有的还是与垫具、垫饼等窑具相互混合乱堆在一起，无规律可循。从对探方内发现陶瓷器废品杂乱堆积的现象作初步分析推断，这应是当时在发火烧窑后，因限于烧造技术水平的原因，在出窑后的陶瓷器产品中会有一定的次品或残品，即把这些废弃的陶瓷器就地抛扔在窑炉近旁，这里便是就近处理倒放出窑后属于残次品的一个废弃场所。

从陶瓷器废品堆积地所处的六个探方（T1～T6）来看，它们位于山岗缓坡较偏

图4-13　Y5（局部遗迹）

图4-14　Y5内的陶瓷器堆积

图4-15 福安窑址陶瓷器残次品堆积

图4-16 福安窑址瓷碗残次品堆积

南的坡脚处，地势相对稍低下。由于该窑址地表常年经雨水不断地冲刷，日久天长，便在这里逐渐形成了较深的冲沟。因5座窑炉就修建在冲沟往北的山坡顶处，当在窑炉内烧造的陶瓷器出窑后，其中有一些废弃品器物就可以随时抛扔倒放于此，十分便利，这里也逐渐成为陶瓷器废弃品的主要堆放之地。此外，T7探方也处在山岗更靠南的坡尾处，其地势已明显往下低去，也是一处丢弃倒放陶瓷器废弃品的可放之地。

由此看来，陶瓷器废弃品倒放之地应当不是事先人工有意挖掘出一个颇大的坑来使用的。因为在窑址的清理过程中，并没有发现废品倒放地有较明显的边界，也找不到有人工加工修理的痕迹，仅是有冲沟自然形成的不规则沟边，更何况当时的窑工也不会特意浪费人力去挖一个专门倒放陶瓷器废弃品的大坑。就一般情况来说，为了省时省力，并要及时处理已出窑的这些陶瓷器废弃品，是会就地选择靠窑炉近旁可随时的倒放之场所，因此，这里的冲沟及较低洼的坡尾处便自然地成为陶瓷器废弃品最方便的扔弃倒放之地。

在陶瓷器废弃品的杂乱堆积地中，除有少量的完整器物外，多数都为陶瓷器废次品或残件，其中又以瓷器数量居多。在完整器物中，以陶窑具居多，近达上万件，主要有垫饼、垫具等。此外，也有部分瓷碗、罐、壶、碟、盅、器盖、烟斗等。瓷器废次品或残件中，有的是烧制后已变形的器物，有的为破碎的器物残片，还有的是多件或不同器形的瓷器杂混胶结在一起。发现的器形颇多，主要有碗、罐、盘、碟、盅、盆、缸、器盖、灯盏、香炉等生活用具。在部分胶结叠压在一起的废弃品器皿中，少的仅是二三件或四五件，稍多的有十几件，较多的达几十件，最多的是高达近百件相互胶结成一堆的碗摞。它们一般是已烧造变形的瓷器废品，其器形主要以碗居多，碟、盘、盅较少，有的是碗、碟相胶结，或是碗、盅及碟、壶相互胶结一起，少量的在器底部还胶结有垫饼或垫具。

据对福安窑址出土遗物数量的统计看，其中有不少都是来自这些陶瓷器废弃品的堆积地中，除去近万件陶窑具外，大多为瓷器。这可能从一个侧面反映了福安窑当时由于在烧造技术上较为一般或是存在不足，在烧制出窑后的陶瓷器成功率上当存在一定问题，方出现了较多的废次品，这在一定程度上才形成废弃品随地抛扔倒放堆积的情况。

第五章

文化遗物

福安窑址出土遗物甚为丰富，除“洪化通宝”铜钱和残铁管各有1件外，其余遗物都为陶瓷器。这些遗物大都出自各个探方（探沟）和陶瓷器废弃品倒放堆积地点中，5座窑炉内出土遗物相对较少，其中也包括少量的采集品。在众多的陶瓷器中，除部分为完整器物外，有部分也是属于烧制出窑后的陶瓷器废次品，它们有的是几件或十几件胶结在一起，有的是多达几十件或近百件成摞地套叠胶结在一起。根据器物质地、釉色、器形及纹饰等方面不同特征，遴选出多达6300余件陶瓷器标本，其中以瓷器数量最多，达4916件，另有336件未施釉的素胎瓷骨，两者合计为5252件，约占出土遗物总数的五分之四。出土陶器有1080件，近占全部的五分之一。

瓷器釉色主要分青花、青釉、青黄釉、酱褐釉、黄褐釉、黑褐釉等。其中，以青黄釉和青釉为多，次为酱褐釉和青花，黄褐釉、黑褐釉甚少。瓷胎料一般是选用窑址近旁的高岭土为原料，质地较为一般，大都呈灰白色或灰黄色，其胎质较粗，烧造出的器皿一般都属于粗瓷。出土瓷器大都为日常生活用具，按其不同用途，可分为食器、水器、饮器、盛贮器等。此外，还有少量的其他杂器，如灯器、炉器、衡器及烟斗等。器形较为丰富，多达十几种，其中，数量上以碗居多，碟、盅、器盖次之，另有一定数量的罐、壶、盘、香炉、烟斗等。此外，还有个别的制陶工具如轴顶帽，以及男人头像、鸭头形流、龟等小型瓷件。

陶器都为泥质陶，胎质较为纯净，火候很高，质地甚坚硬。陶色仅有黄褐、红褐、灰褐三种，其中，以黄褐陶为多，其余两者较少。陶器大都属于窑具，器形仅有垫具、垫托、垫饼、匣钵盖、齿边垫饼、火照等。此外，另有少量带孔器、带流缸、四足器和砚台、象棋子等其他器物。

一、瓷器

在窑址发现的瓷器中，除小部分为完整器物或可以修复的外，有的瓷器外观或已变形，或已残缺，还有的是单种器形多件套叠胶结在一起的瓷器废次品，主要有碗、碟、盘、盅等器形。另有两种或两种以上器形相互胶结于一起的，如套叠在一起的成摞瓷碗上分别胶结有碟、盅、杯等不同器物，有的套叠在一起的碗或碟、盅等器底还胶结有垫具或垫饼等窑具。

出土多达4916件的瓷器中，以青黄釉、青釉居大宗，各有1845件和1409件，所占百分比分别是37.5%和28.7%；酱褐釉、青花次之，各有945件和705件，占百分比19.2%和14.3%；黄褐釉和黑褐釉最少，仅为5件和7件（见表1）。另有336件未着釉的素胎器物。瓷器基本上全都是采用轮制加工而成的，有的器物在内壁上还能看到轮制后遗留下的同心圆旋纹痕，仅有甚少的小型器物系以手捏制而成。瓷器釉色较为一般，显得不太明亮，有的釉层或薄或厚，不甚均匀，少量器物釉面上还有滴釉现象或表面布满冰裂纹，大多数都应属粗瓷范围。此外，有少量青釉、黄褐釉、青黄釉的器物釉色较为透亮，光洁度很好，其中另有个别青瓷较近似青白瓷，当可视为一般的精瓷，只是数量甚少。

表1　福安窑址瓷器釉色统计表

总数	4916					
釉色	青花	青釉	青黄釉	黄褐釉	酱褐釉	黑褐釉
数量	705	1409	1845	5	945	7
百分比	0.143	0.287	0.376	0.001	0.192	0.001

注：表中未含素胎336件。

表2　福安窑址瓷器器形统计表

总数	5252																
器形	罐	碗	壶	盘	碟	盅	瓮	盆	钵	缸	香炉	灯盏	器盖	烟斗	瓷杈	钵形支具	其他
数量	175	1654	359	225	862	696	73	38	13	25	217	93	571	218	10	14	9
百分比	0.033	0.314	0.068	0.043	0.164	0.133	0.014	0.007	0.002	0.005	0.042	0.018	0.108	0.042	0.002	0.003	0.002

注：表中的“其他”是指杯、轴顶帽、男人头塑像、鸭头形流、龟、鸟腿浮雕等。

按瓷器的用途不同，它们大都是属于日常生活器皿，另有很少的制作工具和小型塑件等。器形较为丰富且有一定变化，主要有碗、罐、壶、盘、碟、盅、钵、杯、盆、瓮、缸、灯盏、器盖及香炉、烟斗、象棋子等。其中，以碗的数量为多，计有1654件；碟、盅、器盖较次之，各有862件、696件和571件；罐、壶、盘、香炉、烟斗等也占有一定数量；其他器形则稍少些（见表2）。此外，还有甚少的男人头像、鸭头形流、龟等小型瓷件。根据瓷器口沿、腹部、器底、器耳、器纽等一些区别，有的器物还可以进行分型编式。

瓷器所施纹饰的并不多，一般仅在碗、盘、瓮、罐、香炉等器形上见到纹饰，主要有团花纹、水草纹、花草纹、菊花纹、莲花纹、蛙纹、龙纹、水波纹、弦纹等。其中，团花纹、水草纹、花草纹多饰于青花碗外壁，有的青花碗内底书“玉”“寿”“福”“南”“北”等字款，有的青花碗外壁书“福出在其中 不亦乐乎”“与春同乐”等吉祥语。莲花纹、弦纹主要饰于青釉罐和青黄釉罐；有的青花盘内底书“玉”“福”款；少量青釉瓮肩部饰蛙纹、蟹纹堆塑及水波纹等。青釉香炉器身一般饰双龙戏珠、莲花纹、乳钉纹及“寿”“福”字等，有的还附龙纹双鋬耳或兽形足。

1. 罐

175件。其中，青花20件，青釉18件，青黄釉115件，酱褐釉10件，黄褐釉5件，黑褐釉2件，未涂釉素胎5件。可分四耳小罐、四耳大罐、双耳罐、无耳罐、带流罐、敛口罐六型，其中以四耳小罐、带流罐较多。

A型　60件。四耳小罐。器表施釉不及圈足，肩部饰四个小竖环耳，圈足。分二式。

图5-1 AⅠ式罐 02CFT1②:57

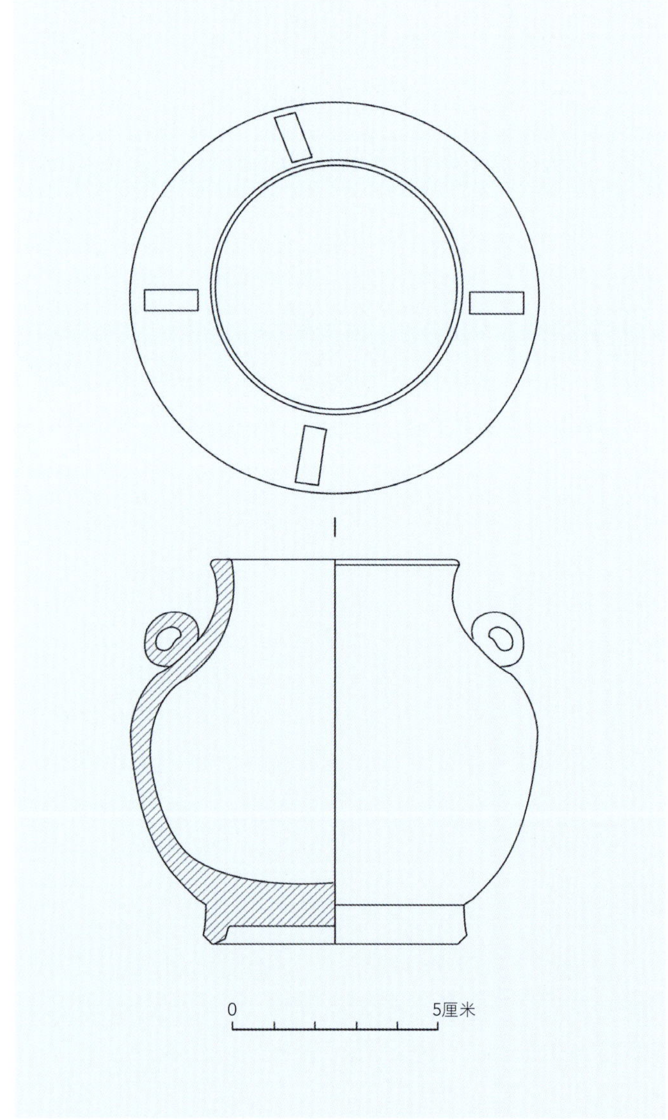

图5-2 AⅠ式罐 02CFT1②:57

Ⅰ式：13件。鼓肩。02CFT1②：57，施青黄釉，圆唇，直口，卷沿，短颈，肩略鼓，弧腹。口径7厘米，高11厘米，足径7.3厘米（图5-1、图5-2）。02CFT3②：67，施青黄釉，器形近同于上一件，只是该罐口沿上胶结1件倒扣的青黄釉器盖。口径7.2厘米，通高11.5厘米，足径7.2厘米（图5-3）。02CFT3③：72，施酱褐釉，器身略变形，口沿稍残，残缺一耳。圆唇，直口，短颈，近斜弧肩，鼓腹，竖状环耳稍宽。口径近8.5厘米，高约9厘米，足径8.5厘米（图5-4）。

Ⅱ式：47件。折肩。02CFT1②：58，施酱褐釉，圆唇，直口，颈较短，折肩起棱，弧腹。口径8厘米，高9厘米，足径8.2厘米（图5-5、图5-6）。02CFT1②：56，该罐口沿上带有1件残器盖，均施青釉，釉面闪亮且布满细冰裂纹。罐为圆唇，口微侈，沿稍卷，短颈，折肩起棱，弧腹，圈足略矮小。口径7.5厘米，高12.2厘米，足径6.2厘米（图5-7、图5-8）。02CFT3③：73，为1件Ⅱ式罐与其下面器形相同的3件碗相互胶结叠压在一起，均施青釉，釉面布满冰裂纹。罐口沿稍残，平唇，直口，颈较短，折肩，弧腹。3件碗，圆唇，口沿微卷，敞口，斜壁，圈足较大。罐口径8厘米，碗足径9.2厘米（图5-9）。02CFT2②：125，为2件器形相同的罐胶结在一起，下面一件稍有变形，其口沿上各带有1件器盖。罐与盖都施青黄釉。罐为直口，卷沿，短颈，折肩，近斜腹。口径8厘米，高9厘米，足径8.2厘米（图5-10）。02CFT3③：71，口沿略残，素胎未施釉。圆唇，直口，短颈，折肩，腹稍弧鼓。口径7.8厘米，高10厘米，足径7.9厘米（图5-11）。

B型　12件。四耳大罐。施釉不及底，肩部饰四个竖状桥耳，平底。分二式。

Ⅰ式：4件。腹稍鼓。04CFT11②：18，罐身近下半部残缺，素胎未施釉。圆唇，卷沿，短直口，溜肩，鼓腹较深，肩部原有四个竖桥耳，现残断二耳。口径8厘米，高18.4厘米，底径10厘米

图5-3 AⅠ式罐 02CFT3②:67

图5-4 AⅠ式罐 02CFT3③:72

图5-5 AⅡ式罐 02CFT1②:58

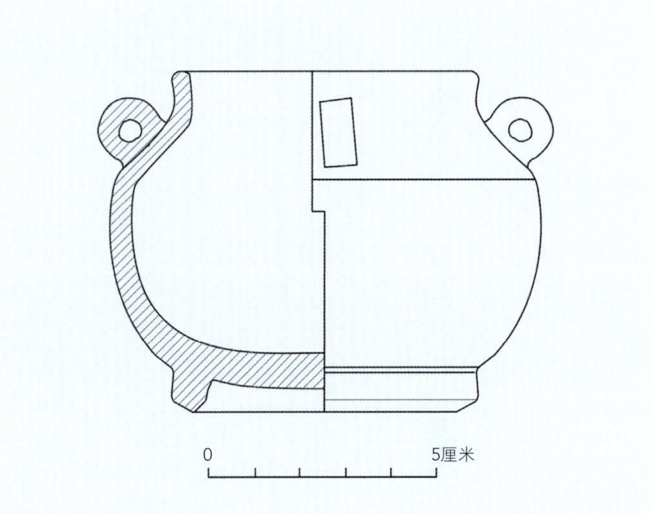

图5-6 AⅡ式罐 02CFT1②:58

图5-7 AⅡ式罐 02CFT1②:56

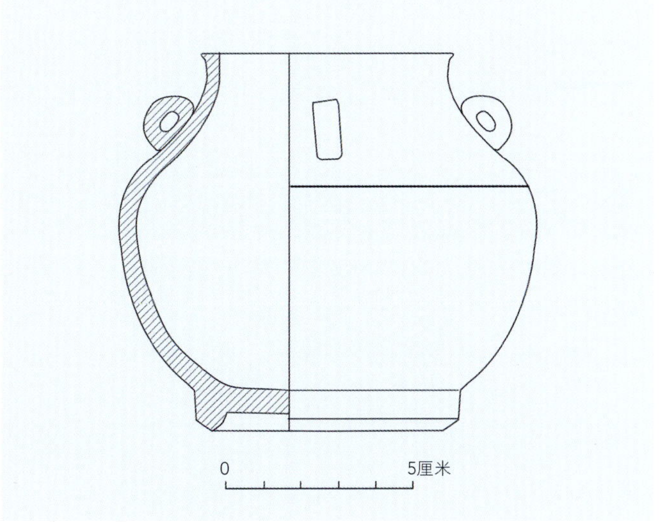

图5-8 AⅡ式罐 02CFT1②:56

图5-9　AⅡ式罐　02CFT3③:73

（图5-12、图5-13）。

Ⅱ式：8件。弧腹。平底较大。02CFT3③：74，施黄褐釉。圆唇，卷沿，直口，短颈，鼓肩，斜弧腹。口径9厘米，高19.5厘米，底径11.5厘米（图5-14、图5-15）。04CFT11②：11，器身因受挤压已严重变形，施酱褐釉。圆唇，卷沿，短直口，短颈，鼓肩，斜弧腹。口径10.3厘米，底径14.6厘米（图5-16）。04CFT11②：2，器身已变形严重，施青黄釉。平唇，直口，短颈，宽鼓肩，近斜弧腹。口径10.4厘米，底径15.3厘米（图5-17）。02CFT11②：12，器形颇高，素胎未施釉，器表遗留有轮制的同心圆旋纹。圆唇，直口，卷沿，短斜颈，鼓肩，深弧腹，平底。口径10.5厘米，高34厘米，底径13.8厘米（图5-18、图5-19）。02CFT3②：213，器形颇大，为罐上半身残件，施黄褐釉。圆唇，卷沿，直口，颈略高，宽肩，残存二桥耳。口径14厘米，残高7.4厘米（图5-20）。02CFT4②：111，器形较大，罐上半身残片，釉色近黄釉。圆唇，卷沿，直口，颈较高，鼓肩，桥耳残。口径12厘米，残高15.4厘米（图5-21）。

图5-10　AⅡ式罐　02CFT2②:125

图5-11　AⅡ式罐　02CFT3③:71

图5-12　BⅠ式罐 04CFT11②:18

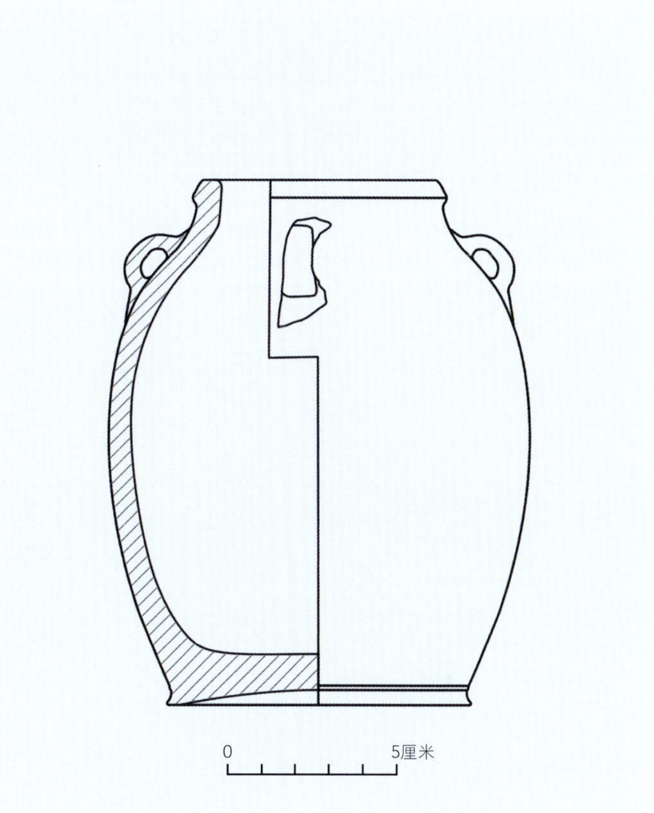

图5-13　BⅠ式罐 04CFT11②:18

图5-14　BⅡ式罐 02CFT3③:74

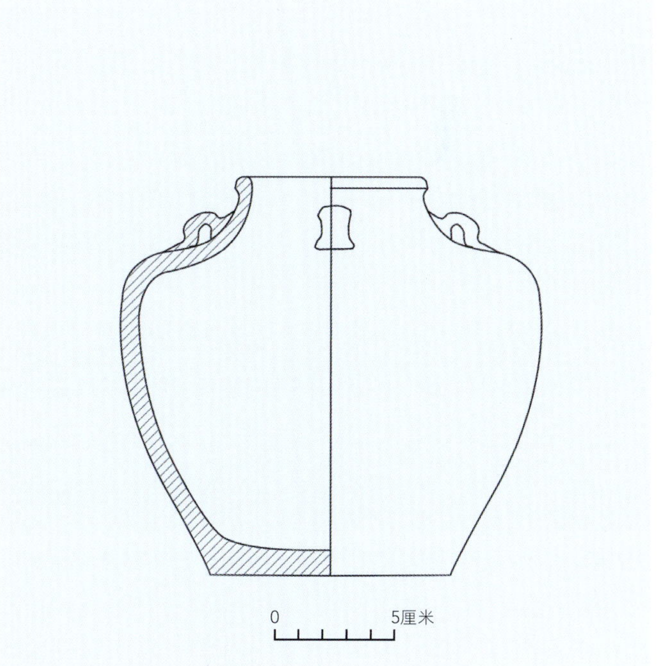

图5-15　BⅡ式罐 02CFT3③:74

C型　11件。无耳罐。近筒形腹，大平底，素面。

04CFT11②：23，素胎未施釉，口沿已变形。尖圆唇，口略侈，筒腹稍鼓。口径16厘米，高18.8厘米，底径15厘米（图5-22、图5-23）。04CFT11②：22，器身仅带有少量青黄釉，大部分为素胎未施釉，口沿稍变形，罐表面遗有轮制时留下的旋纹痕。圆唇，口略侈，筒腹稍鼓。口径17.2厘米，高21.5厘米，底径16厘米（图5-24）。

图5-16　BⅡ式罐 04CFT11②:11

图5-17　BⅡ式罐 04CFT11②:2

图5-18　BⅡ式罐 02CFT11②:12

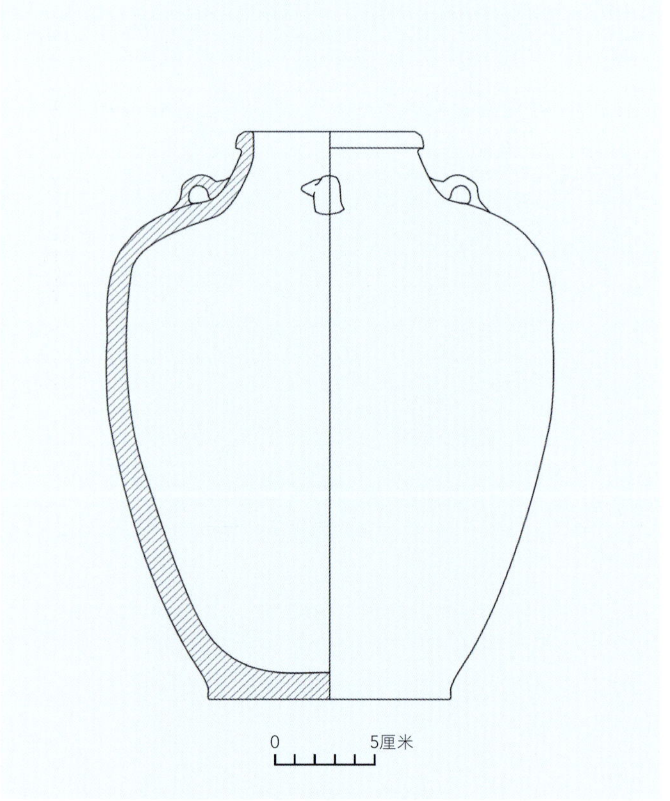

图5-19　BⅡ式罐 02CFT11②:12

图5-20　BⅡ式罐　02CFT3②：213

图5-21　BⅡ式罐　02CFT4②：111

图5-22　C型罐　04CFT11②：23

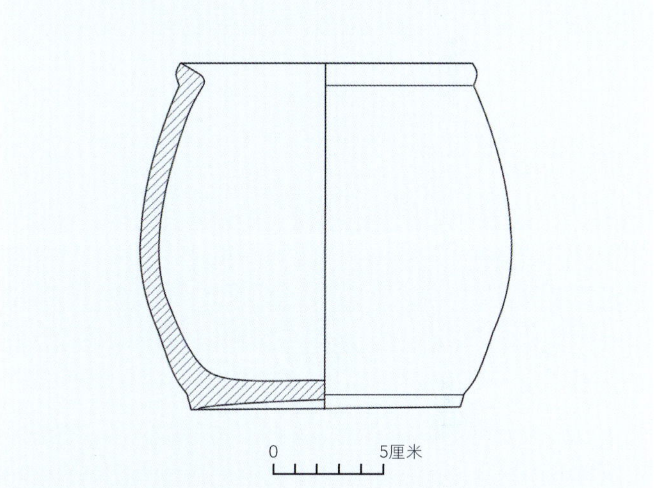

图5-23　C型罐　04CFT11②：23

图5-24　C型罐　04CFT11②：22

图5-25 DⅠ式罐 02CFT5②:74

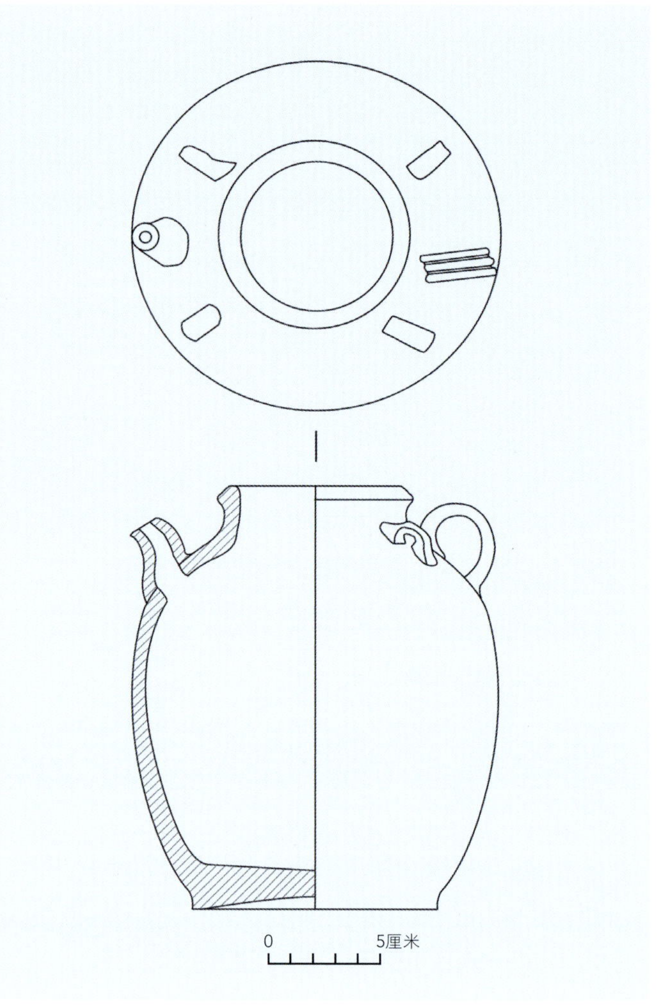

图5-26 DⅠ式罐 02CFT5②:74

图5-27 DⅠ式罐 04CFT11②:5

D型 63件。带流罐。分为三式。

Ⅰ式：26件。四系单桥耳。短流，卷沿，平底。02CFT5②：74，施酱褐釉且近底，器表遗有轮制的旋纹痕。圆唇，直口，短颈，鼓肩，弧腹较深，平底，肩部饰一宽竖桥耳与四个小系。口径9.5厘米，高22厘米，底径13.2厘米（图5-25、图5-26）。04CFT11②：5，罐身部分残缺，素胎未施釉，器壁稍厚。器形稍同于上一件，近溜肩，腹略鼓，缺一短流，口径9厘米，高22厘米，底径12.5厘米（图5-27）。02CFT1②：62，约残存罐身上半部，施青釉，器壁稍厚。圆唇，直口，颈略高，鼓肩，缺一宽竖桥耳，仅留有四小系。口径10.3厘米（图5-28、图5-29）。

Ⅱ式：32件。管状把。平底。02CFT5②：14，施酱褐釉近底，器身稍有变形，其一侧肩部胶结1件残青釉器盖。平唇，直口，颈颇短，近鼓肩，腹稍鼓，流口稍长且往上斜伸，平底较大，肩、腹部处有饰一粗管状空把，肩部饰一周凹弦纹。口径10.8厘米，高12.8厘米，底径11.2厘米（图5-30、图5-31）。04CFT9②：4，施酱褐釉近底，口沿下塌变形。器形同于上一件，管状把稍残。口径10.7厘米，高13厘米，底径11厘米（图5-32）。02CFT1②：54，素胎未施釉，器形较小。平唇，短直口，卷沿，流口往上斜出，腹鼓，饰一短管状空把。口径6.8厘米，高7.5厘米，底径7.6厘米（图5-33）。

图5-28　DⅠ式罐　02CFT1②：62

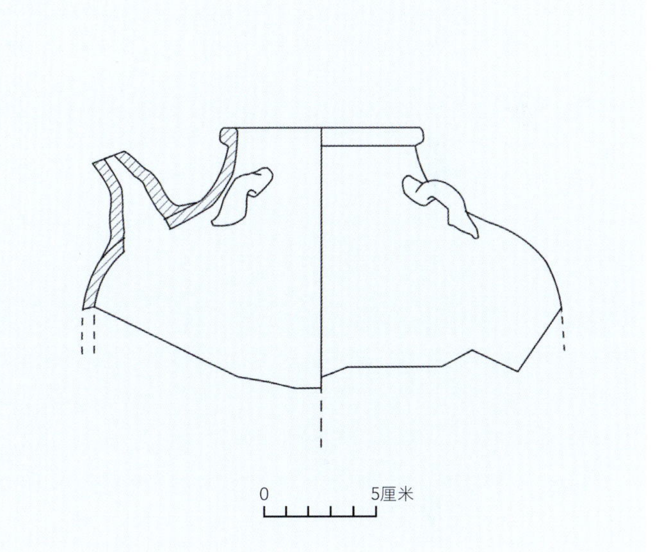

图5-29　DⅠ式罐　02CFT1②：62

图5-30　DⅡ式罐　02CFT5②：14

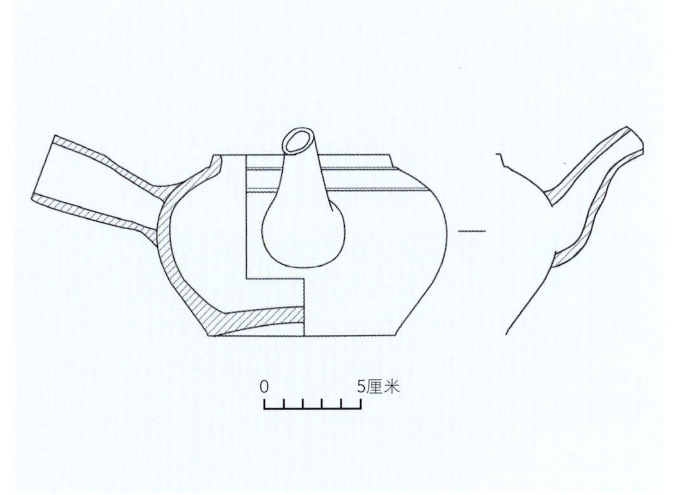

图5-31　DⅡ式罐　02CFT5②：14

图5-32 DⅡ式罐 04CFT9②:4

图5-33 DⅡ式罐 02CFT1②:54

图5-34 DⅢ式罐 02CF采:3

图5-35 DⅢ式罐 02CF采:4

Ⅲ式：5件。饰四乳突足，带管状把。器形较小。02CF采：3，胎体稍厚重，施青釉且近底，釉质较光亮。厚圆唇，小直口，流口残缺，近溜肩，鼓腹，饰一管状空把且上翘，近平底且饰四矮乳突足。口径5.4厘米，高8.6厘米，底径6.8厘米（图5-34）。02CF采：4，施青釉未及底，釉色较为斑驳。圆唇，小直口，颈颇短，流口较粗，近溜肩，鼓腹，带一短柱状实把，平底且饰四矮乳突足。口径5.5厘米，高8.2厘米，底径6.5厘米（图5-35）。

E型　6件。双耳罐。

04CFT11②：9，施黑褐釉未及底。圆唇，直口，卷沿，短颈，近溜肩，弧腹稍深，平底，颈与肩部带一对竖桥耳，其中一耳原已贴斜。口径7.4厘米，高14.8厘米，底径7.8厘米（图5-36）。04CFT11②：14，器身已变形显得稍扁，施酱褐釉且不及底，釉色较为斑驳。器形近同于上一件，弧腹较深，平底，带一对斜状桥耳。口径8.5厘米，

图5-36　E型罐 04CFT11②：9

图5-37　E型罐 04CFT11②：14

高18厘米，底径7.8厘米（图5-37）。

F型　8件。敛口罐。

02CFT8②：5，罐身近残半，青花，施釉不及圈足。圆唇，口稍敛，鼓腹，带四个小环耳，圈足，器身绘有青花行书四字。口径19厘米，高12.7厘米，底径12.2厘米（图5-38、图5-39）。02CFT2②：133，口沿残小半，施酱褐釉及底，釉色较为斑驳。圆唇，近敛口，弧腹，原带四个小横桥耳，其中残一耳，平底。口径18.6厘米，高11厘米，底径12.8厘米（图5-40、图5-41）。02CFT7③：9，罐身残缺小半，胎壁稍厚，器表带有轮制留下的旋纹痕。施青釉未及圈足，釉质稍好，釉色较闪亮。尖圆唇，敛口，斜弧腹较深，器身上腹部饰一对短管状小系，圈足较矮且略外撇。口径19厘米，高17厘米，足径11厘米（图5-42）。

另有15件残罐底未分型式。

图5-38 F型罐 02CFT8②:5

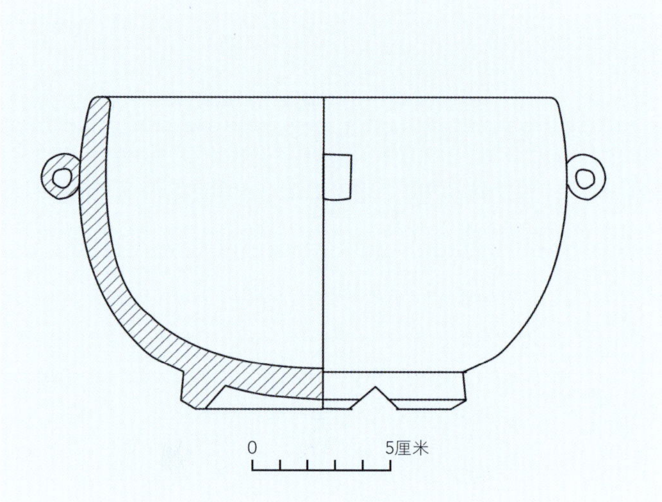

图5-39 F型罐 02CFT8②:5

图5-40 F型罐 02CFT2②:133

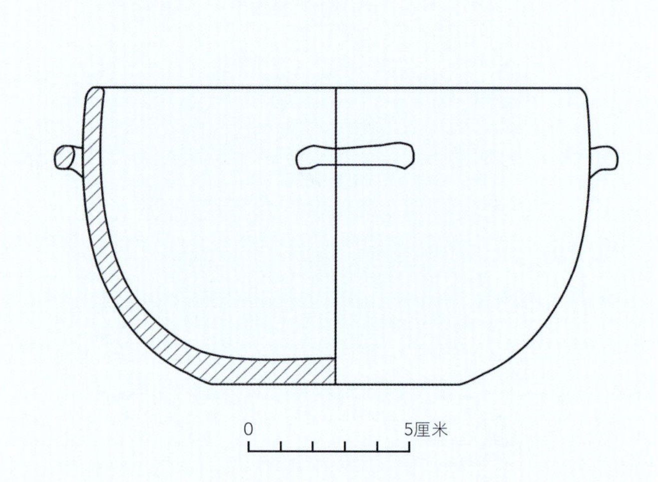

图5-41 F型罐 02CFT2②:133

图5-42 F型罐 02CFT7③:9

2. 壶

359件。其中，青花72件，青釉67件，青黄釉150件，酱褐釉68件，素胎2件。分为四耳壶、执把壶、四耳带把壶、提梁壶、玉壶春壶五型，以执把壶居多，四耳壶次之，其他型制壶较少。

A型　123件。四耳壶。分为三式。

Ⅰ式：8件。鼓腹。02CFT1②：35，口沿略残，流残缺，原饰四个横向短管耳，现残缺二耳，施酱褐釉不及足底。圆唇，卷沿，小直口，颈颇短，近溜肩，鼓腹，圈足。口径5.3厘米，高13.5厘米，足径9.8厘米（图5-43）。02CFT3③：68，壶身上半部残件，施酱褐釉。厚圆唇，小直口，颈稍高，溜肩，鼓腹，短流口，肩部原饰四个竖桥耳，现残一耳。口径5.5厘米，残高8.2厘米（图5-44）。

图5-43　AⅠ式壶 02CFT1②：35

图5-44　AⅠ式壶 02CFT3③：68

图5-45 AⅡ式壶 02CFT3③:66

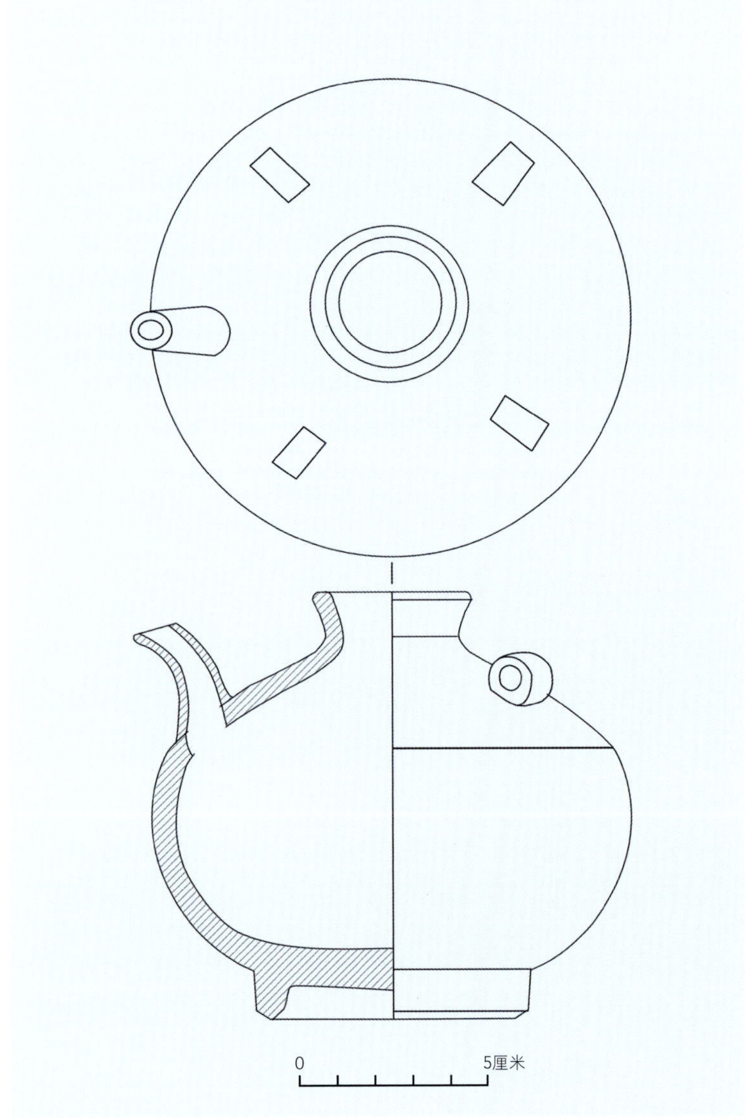

图5-46 AⅡ式壶 02CFT3③:66

Ⅱ式：111件。折肩。施釉不及底，短流，肩部饰四个横向短管耳，圈足。02CFT3③：66，器身有裂纹，施黑褐釉，釉色较斑驳。圆唇，卷沿，小直口，短颈，宽肩起折棱，往下稍外鼓。口径4.9厘米，高13.5厘米，足径9.3厘米（图5-45、图5-46）。02CFT5②：69，流口稍残，施青釉。圆唇，卷沿，小口，短颈，斜折肩起棱，弧腹。口径3.7厘米，高9.6厘米，足径7.3厘米（图5-47、图5-48）。02CFT3③：34，施青釉，饰青花花卉纹。圆唇，沿外折，小直口，短颈，折肩起棱，腹略鼓。口径4.6厘米，高11.2厘米，足径8.6厘米（图5-49、图5-50）。02CFT7③：29，器形完整，施青釉，釉面有细冰裂纹。圆唇，沿稍卷，短直口，带流，折肩起棱，弧腹。口径4.5厘米，高10厘米，足径7.3厘米（图5-51、图5-52）。02CFT3③：69，残存壶上半器身，施青黄釉。圆唇，卷沿，短直口，流口稍残，宽折肩，且往下近直连腹部，下半器身不明。口径5厘米，残高12.2厘米（图5-53）。

Ⅲ式：4件。喇叭口。04CFT8③：187，仅残存壶的肩部，施青釉。圆唇，口沿往外撇，似喇叭口，短颈，小流，近平肩稍宽，且弧下接腹部，肩部分饰四个横向小桥耳，肩部和腹部饰有多道褐彩粗弦纹。口径5厘米，残高12.2厘米（图5-54）。

图5-47　AⅡ式壶　02CFT5②:69

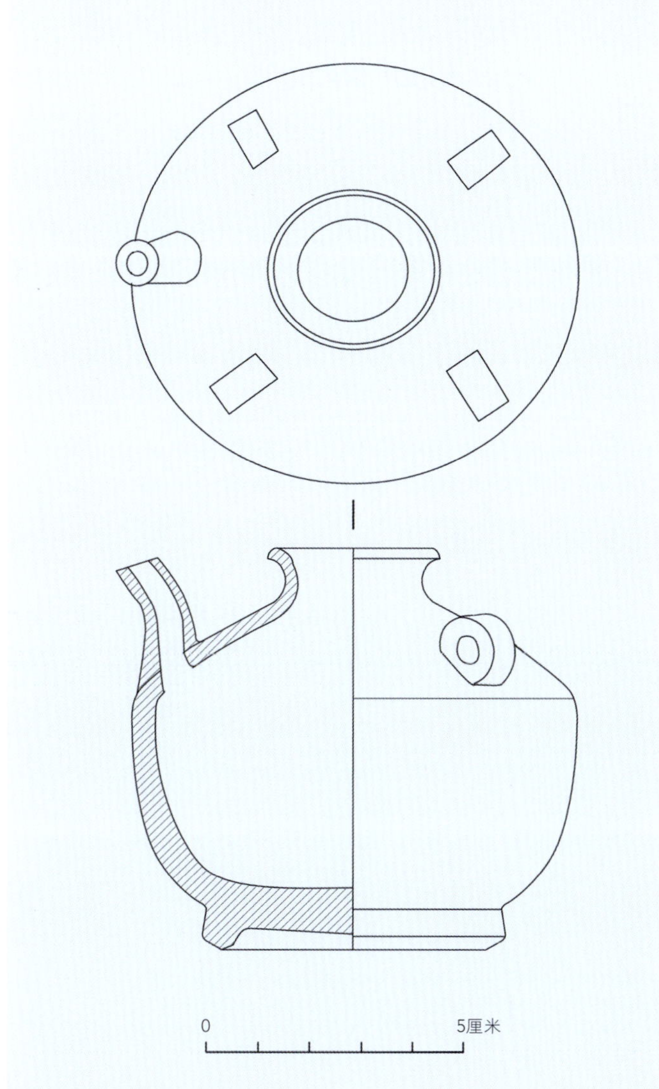

图5-48　AⅡ式壶　02CFT5②:69

图5-49　AⅡ式壶　02CFT3③:34

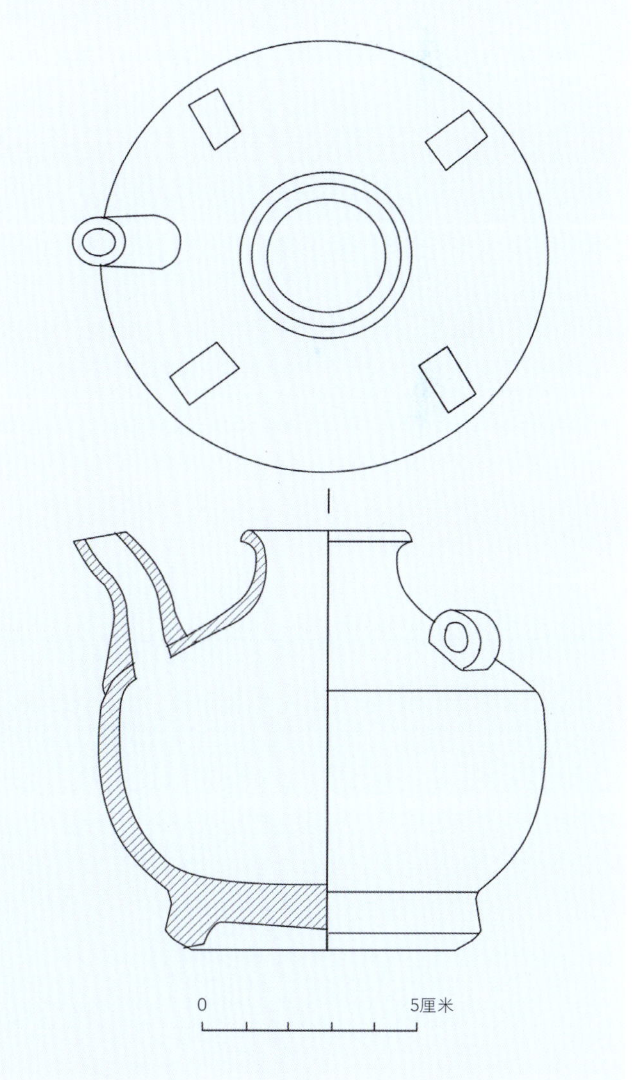

图5-50　AⅡ式壶　02CFT3③:34

图5-51 AⅡ式壶 02CFT7③:29

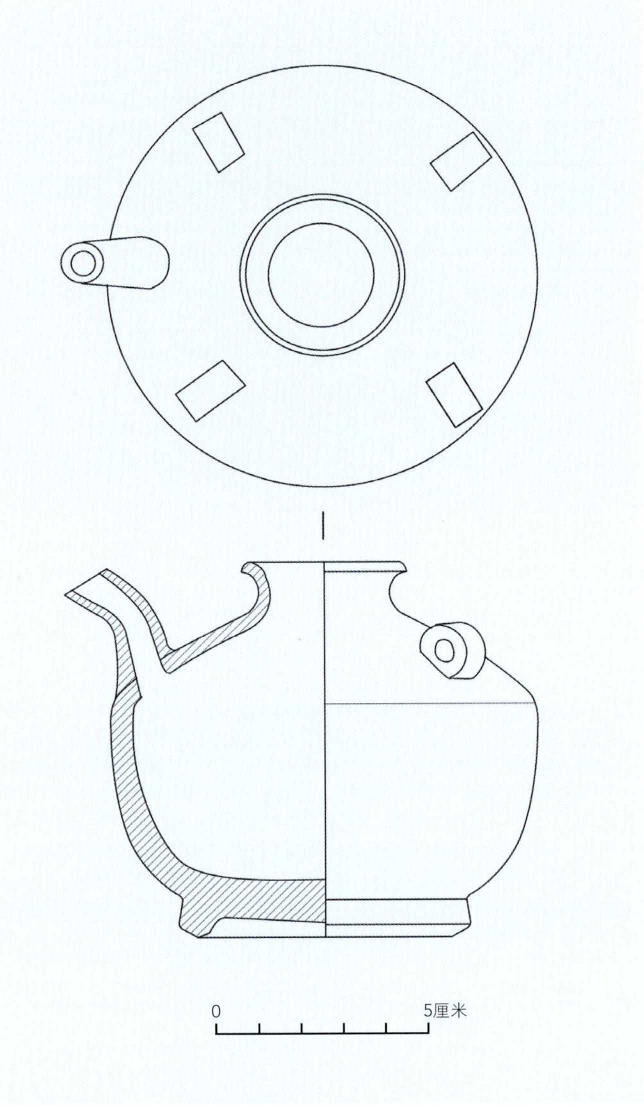

图5-52 AⅡ式壶 02CFT7③:29

图5-53 AⅡ式壶 02CFT3③:69

图5-54 AⅢ式壶 04CFT8③:187

B型 191件。执把壶。施釉不及足底，单执把，圈足，少量为平底。分为三式。

Ⅰ式：82件。鼓腹。04CFT8②：128，口沿上带一乳钉纽壶盖，施青釉，釉面有细冰裂纹，施青花纹饰。直口，颈颇短，近溜肩，长流已残，圈足外撇。肩与腹相交处饰一桥状执把，器身的青花纹饰较为漫漶，已辨认不清。通高13.8厘米，足径7厘米（图5-55）。02CFT1②：147，器形较小，执把残缺，施青黄釉。平唇，直口，颈稍高，长流上翘，腹稍鼓，圈足。口径5.3厘米，高8.6厘米，足径5.6厘米（图5-56、图5-57）。02CFT1②：42，执把残缺，施酱褐釉。平唇，直口，短颈，流上翘，近球腹，圈足稍外撇。口径6.6厘米，高10.2厘米，足径7.2厘米（图5-58）。04CFT11②：56，长流与执把均残，施青釉，釉面有细冰裂纹。直口，平唇，颈略高且稍内束，鼓腹，圈足外撇。肩部施几圈弦纹，壶身有青花纹饰。口径4.9厘米，高

图5-55 BⅠ式壶 04CFT8②：128

图5-56 BⅠ式壶 02CFT1②：147

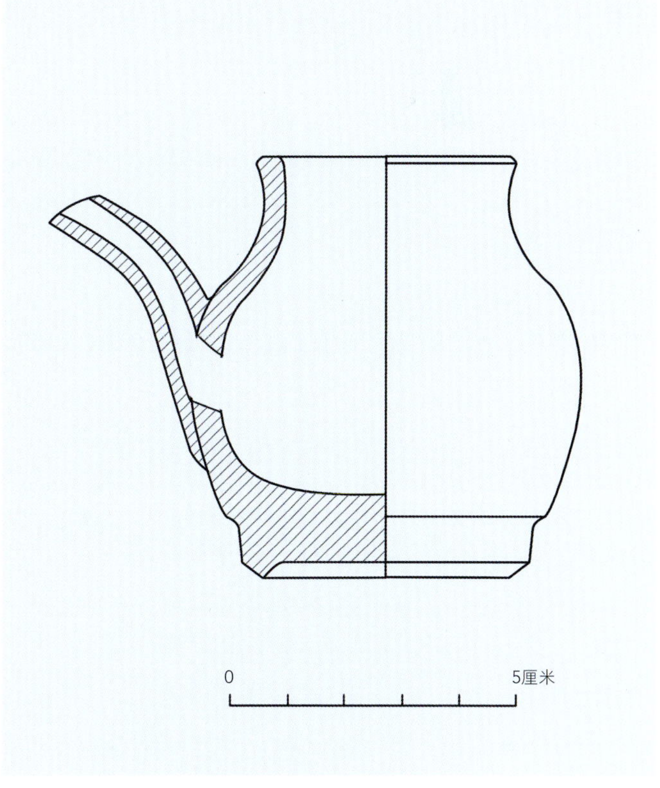

图5-57 BⅠ式壶 02CFT1②：147

11.8厘米，足径7.2厘米（图5-59）。02CFT7③：33，施青釉，执把残。平唇，直口，短颈，流上翘，肩稍斜，近弧腹，圈足。口径6.5厘米，高9.5厘米，足径6.2厘米（图5-60）。

Ⅱ式：80件。折肩。饰一桥状执把。02CFT3②：87，完整，口沿上带一扣式纽壶盖，盖及壶身皆施酱褐釉，釉色不太纯正，杂有一些黑褐釉色。直口，短颈，折肩略窄，流上翘，直腹稍深，圈足稍残。通高14.9厘米，足径7.1厘米（图5-61、图5-62）。04CFT11②：45，施青釉，釉面有细冰裂纹。圆唇，直口，短颈，窄折肩，流上翘，直腹，圈足。口径6.3厘米，高11.6厘米，足径6.5厘米（图5-63、图5-64）。02CFT2②：39，流口稍残，施青黄釉。平唇，直口，短颈，腹略弧。口径6.2厘米，高9.2厘米，足径6.4厘米（图5-65）。02CFT2②：45，口沿上倒扣一壶盖，盖内还胶结有一瓷片，盖及壶身皆施酱褐釉，杂有点滴黑褐釉色。短直口，流上翘，近斜直壁，厚圈足，桥状执把残。通高12.3厘米，足径7.3厘米（图5-66）。02CFT3③：44，流口及腹部稍残，施青釉，釉面有细冰裂纹。圆唇，直口，短颈，窄折肩，残长流稍向上直立，腹稍弧鼓，圈足微外撇，桥状执把稍粗。口径7.1厘米，高11厘米，足径6.8厘米（图5-67）。02CFT3③：54，口沿及流已残，口部与肩部稍变形，施青釉，釉面有细冰裂纹。圆唇，直口，短颈，肩部因受挤压已变得近平，且折成直角，直腹中部略内

图5-58 BⅠ式壶 02CFT1②：42

图5-59 BⅠ式壶 04CFT11②：56

图5-60　BⅠ式壶　02CFT7③：33

图5-61　BⅡ式壶　02CFT3②：87

图5-62　BⅡ式壶　02CFT3②：87

图5-63 BⅡ式壶 04CFT11②:45

图5-64 BⅡ式壶 04CFT11②:45

图5-65 BⅡ式壶 02CFT2②:39

图5-66 BⅡ式壶 02CFT2②:45

束，圈足。口径6.3厘米，高10.5厘米，足径7.2厘米（图5-68）。

Ⅲ式：29件。近瓶形。02CFT2②：33，施青釉，釉面有细冰裂纹。平唇，近小盘形口，颈较高且稍内束，近斜肩，肩部下有一周往外的厚凸棱，腹略弧，流上翘，平底，腹部所饰的一竖执把已残缺。瓶身绘青花水草纹。口径4.7厘米，高12.8厘米，底径7.6厘米（图5-69、图5-70）。02CFT2②：32，施青釉，口部、流、桥状执把皆残。圆唇，口外撇，颈较长且内束，斜肩，腹稍弧，平底。口径4.6厘米，高15.8厘米，底径5.5厘米（图5-71）。02CFT8②：5，施青釉，釉面有冰裂纹。器形近近同于上一件，口部、流、桥状执把皆残。长颈且内束，斜肩往下起折棱，腹部近直，圈足颇矮。器身饰青花线条纹。残高18厘米，足径5.8厘米（图5-72）。

C型　13件。四耳带执把壶。

04CFT11②：41，口沿稍残，器身施酱褐釉近及底，釉色稍斑驳。圆唇，小口略外撇，卷沿，溜肩较宽，鼓腹在中部往下内收至底，短流上翘，大平底。肩部一周附有四竖桥状耳，与流口相对的肩部又饰一环形执把。口径4.5厘米，高12厘米，底径11.3厘米（图5-73、图5-74）。

图5-67　BⅡ式壶 02CFT3③：44

图5-68　BⅡ式壶 02CFT3③：54

图5-69 BIII式壶 02CFT2②：33

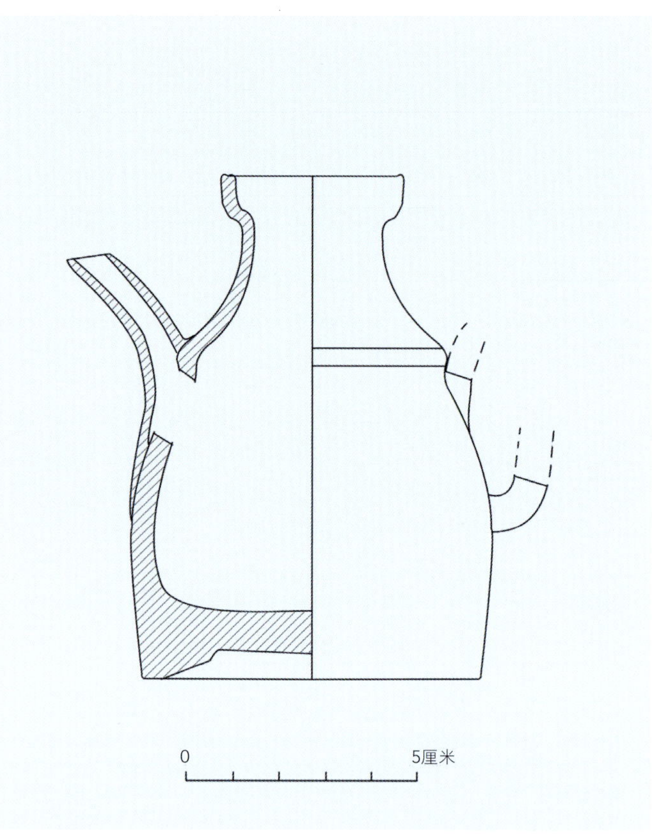

图5-70 BIII式壶 02CFT2②：33

图5-71 BIII式壶 02CFT2②：32

图5-72 BIII式壶 02CFT8②：5

D型　17件。提梁壶。分为二式。

Ⅰ式：10件。环形提梁。04CFT9②：6，口沿稍残，提梁与器身皆施酱褐釉且稍不及底。圆唇，直口，鼓肩，鼓腹，短流残，平底，肩部附一较粗的环形提梁。口沿下部饰一周三角形叶瓣纹，再往下上半腹身饰牡丹花纹，下半腹身为素面，提梁饰绳索纹。口径7.7厘米，壶身高8.7厘米，通高14.2厘米，底径7.5厘米（图5-75、图5-76）。02CFT5②：57，壶形稍矮，施酱褐釉且不及底。型制与纹饰皆同于前者，短流上翘，环形提梁残。口径7.2厘米，高6.5厘米，底径5.8厘米（图5-77）。04CFT11②：33，器身与提梁皆施青釉且不及底。圆唇，直口，颈略高，短溜肩，鼓腹，曲流，平底稍内凹，原肩部饰一环形提梁已残缺。口径6.9厘米，壶身高11厘米，底径8.7厘米（图5-78、图5-79）。

Ⅱ式：7件。短提梁。02CFT7③：21，口沿与短流皆残，壶身与提梁都施青釉，且不及圈足底，釉面散布有冰裂纹。平唇，直口，短颈，斜肩稍折，鼓腹，圈足，肩部两侧饰一对短提梁，提梁上带有小孔便于系绳索。口径7.7厘米，壶身高8.7厘米，足径7.5厘米（图5-80）。

E型　15件。玉壶春壶。

04CFT2②：32，施青釉不及足底，釉面布满细冰裂纹。平唇，小盘口，短颈内束，溜肩，鼓腹，流残缺，圈足，肩腹部饰一桥状执把。口径4.4厘米，高13.2厘米，足径6.7厘米（图5-81、图5-82）。02CFT7③：26，素胎无釉，形制同于前者，流口与执把残缺。口径5.2厘米，高13.8厘米，足径7.2厘米（图5-83）。02CFT6②：48，流口与执把皆残，施青黄釉不及足底。平唇，小盘口，颈稍高，斜溜肩，弧腹，圈足。口径4.5厘米，高15.4厘米，足径6.9厘米（图5-84）。

图5-73　C型壶 04CFT11②：41

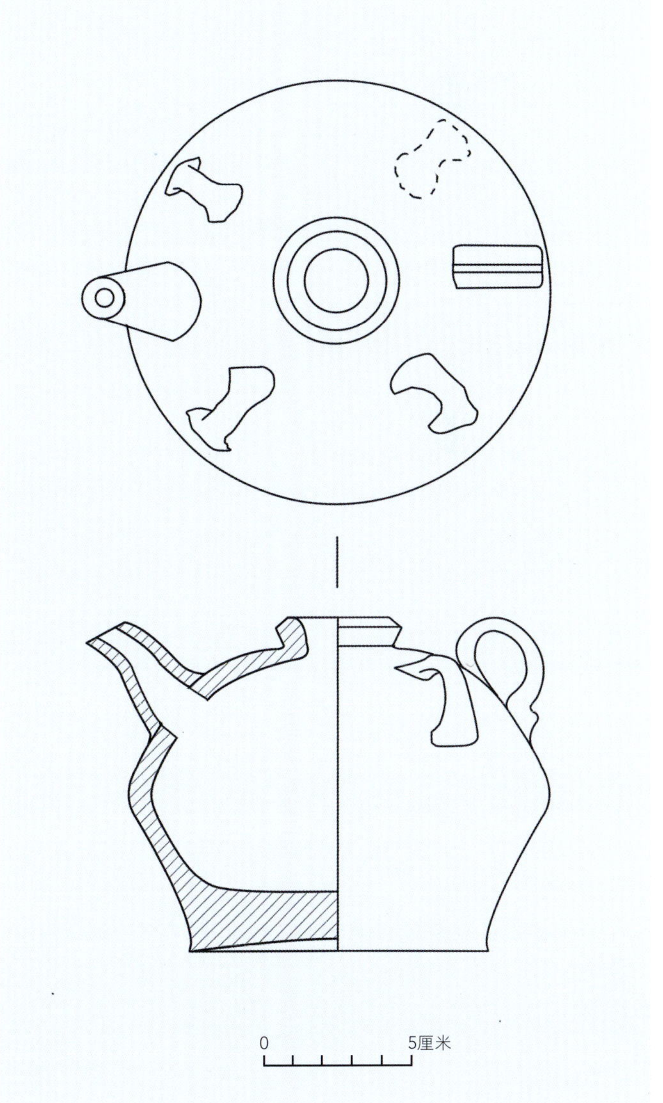

图5-74　C型壶 04CFT11②：41

图5-75　DⅠ式壶　04CFT9②:6

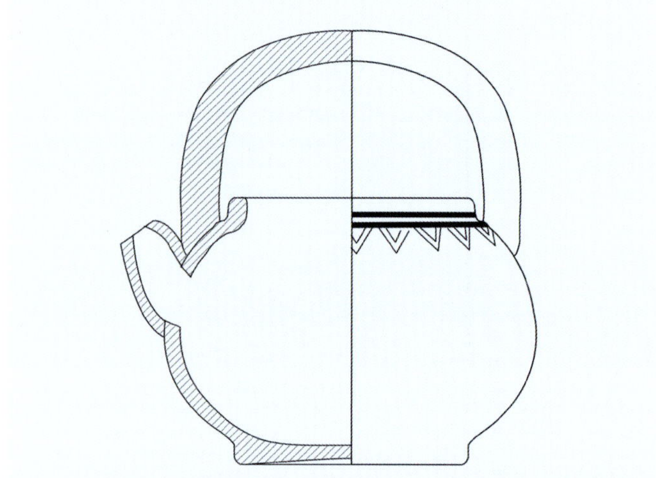
图5-76　DⅠ式壶　04CFT9②:6

图5-77　DⅠ式壶　02CFT5②:57

图5-78　DⅠ式壶　04CFT11②:33

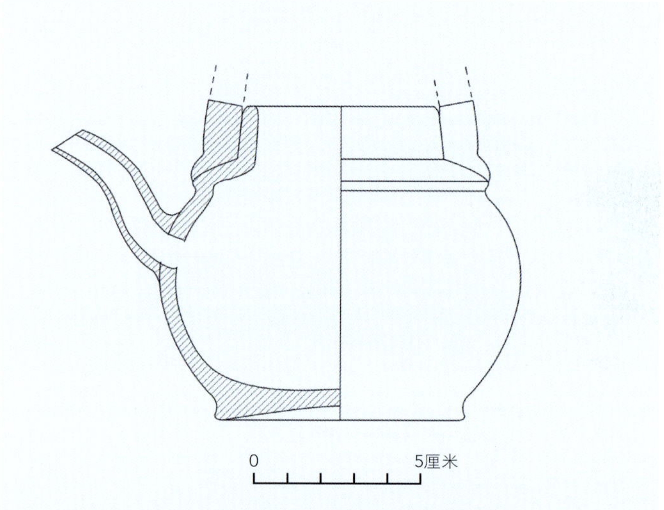

图5-79　DⅠ式壶　04CFT11②:33

图5-80　DⅡ式壶　02CFT7③:21

图5-81　E型壶 04CFT2②：32

图5-82　E型壶 04CFT2②：32

图5-83　E型壶 02CFT7③：26

图5-84　E型壶 02CFT6②：48

3. 碗

1654件。碗是福安窑址出土遗物中最多的一种器形，其中有的是成摞套叠胶结在一起的（图5-85）。碗的釉色中，青花437件，青釉444件，青黄釉397件，酱褐釉317件，素胎59件。可分为大型碗、中型碗、小型碗、深腹碗四型，又以小型碗最多，中型碗次之，大型碗和深腹碗很少，小型碗中是以青釉薄胎碗较具特色。在众多的瓷碗中，仅以青花碗是施有纹饰的，主要有团花纹、花草纹、水草纹、菊花纹、莲花纹、水波纹、弦纹等（图5-86），一般皆装饰于碗外壁，有的还在碗内底书青花“玉”“寿”“福”“南”“北”等字款（图5-87、图5-88），另有少量的外壁上还绘“福出在其中不亦乐乎”“与春同乐”等吉祥语。

A型　40件。大型碗。分为三式。

Ⅰ式：28件。侈口。施釉及足底，碗壁近斜直。02CFT6②：95，口沿略残。圆唇，卷沿，内底近平，圈足稍大。外壁绘青花菊花纹和草叶纹。口径17.5厘米，高7.4厘米，足径9.4厘米（图5-89、图5-90）。02CFT3②：189，施酱褐釉，器形较大，胎体稍厚，口沿残缺。圆唇，口稍外撇，沿略折，圈足较大。口径22厘米，高8.8厘米，足径11.2厘米（图5-91）。02CFT3③：417，口沿约残小半，器形较大，釉面有细冰裂纹。圆唇，侈口，圈足稍大。外壁绘青花菊花纹和草叶纹，口沿下与外壁中部刻有多道细凹弦纹。口径22.2厘米，高8.7厘米，足径10厘米（图5-92、图5-93）。02CFT3③：407，口沿稍残，釉面有细冰裂纹。圆唇，口外撇，圈足。外壁与口内边沿绘青花纹饰，内底绘一青花押记。口径18.2厘米，高7.4厘米，足径9.2厘米（图5-94）。

图5-85　成摞套叠在一起的碗

图5-86　青花碗纹饰 02CFT3③:413

图5-87　"常"字款青花碗 04CFT8③:72

图5-88　"福"字款青花碗 04CF采:2

图5-89　AⅠ式碗 02CFT6②:95

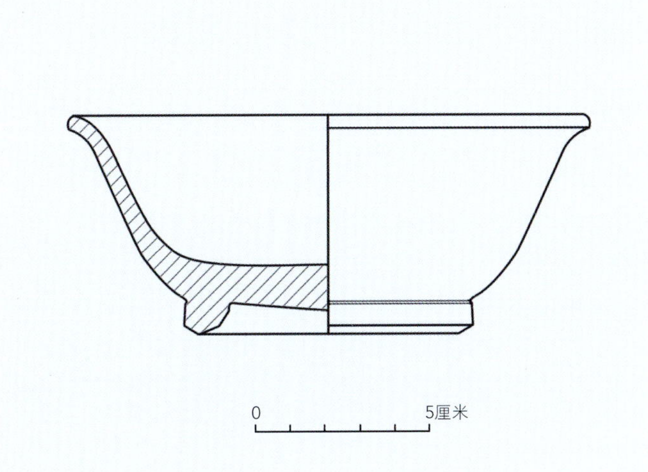

图5-90　AⅠ式碗 02CFT6②:95

Ⅱ式：5件。广口。施釉未及足底，弧壁。02CFT3②：195，残半，器形颇大，为出土的碗中口径最大的一件碗，釉面有细冰裂纹。圆唇，广口颇大，宽沿外翻，壁稍弧，内底平，圈足。内外壁均绘青花水草纹，内底也绘青花纹饰。口径26厘米，高8.1厘米，足径12厘米（图5-95、图5-96）。02CFT3③：307，残半，器形稍矮，胎壁较厚，釉面有细冰裂纹。圆唇，大广口，宽沿稍折，漫弧壁，内底宽平，圈足。近内壁折沿上绘一周青花纹饰带。口径23.6厘米，高6.2厘米，足径11.8厘米（图5-97、图5-98）。02CFT2②：159，残大半，器形较矮。圆唇，大广口，折沿稍宽，斜弧壁，内底宽平，圈足甚矮。折沿内壁上绘一周青花草叶纹。口径23.4厘米，高4.8厘米，足径10.8厘米（图5-99、图5-100）。

图5-91　AⅠ式碗 02CFT3②：189

图5-92　AⅠ式碗 02CFT3③：417

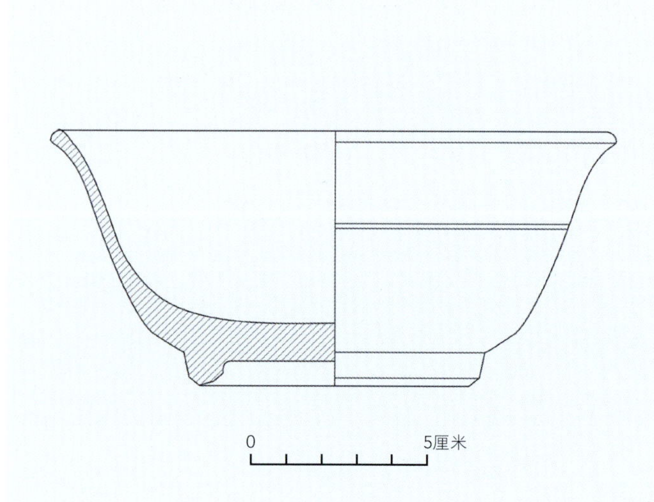

图5-93　AⅠ式碗 02CFT3③：417

图5-94　AⅠ式碗 02CFT3③：407

图5-95　AⅡ式碗　02CFT3②：195

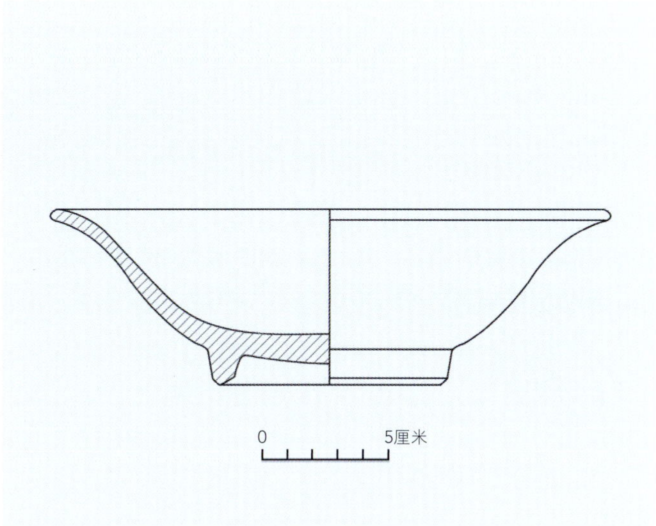

图5-96　AⅡ式碗　02CFT3②：195

图5-97　AⅡ式碗　02CFT3③：307

图5-98　AⅡ式碗　02CFT3③：307

图5-99　AⅡ式碗　02CFT2②：159

图5-100　AⅡ式碗　02CFT2②：159

Ⅲ式：7件。敞口。02CFT3③：303，外壁施酱褐釉及圈足底，内壁施青釉，口沿稍残。圆唇，短沿边，敞口，弧壁，内底近平，圈足。内壁绘青花水草纹。口径21厘米，高6.3厘米，足径10厘米（图5-101～图5-103）。02CFT3③：300，为两件器制相同的碗胶结在一起，均已残缺。其器形较近同上一件，外壁施酱褐釉及圈足，内壁施青釉。圆唇，卷沿，敞口，弧壁，大圈足较矮。口径23.7厘米，高6.2厘米，足径13厘米（图5-104）。02CFT3②：192，内外壁皆施青黄釉且不及圈足，口沿残缺。圆唇，敞口，斜直壁，内底近平，圈足。口径21厘米，高7厘米，足径11厘米（图5-105）。02CFT3③：336，内外壁皆施青釉及圈足底，釉色稍斑驳，口沿残破。圆唇，口沿略卷，敞口，弧壁，内底较平，圈足。外壁饰有凹弦纹。口径22.6厘米，高6.5厘米，足径10.8厘米（图5-106）。

图5-101　AⅢ式碗　02CFT3③：303

图5-102　AⅢ式碗　02CFT3③：303

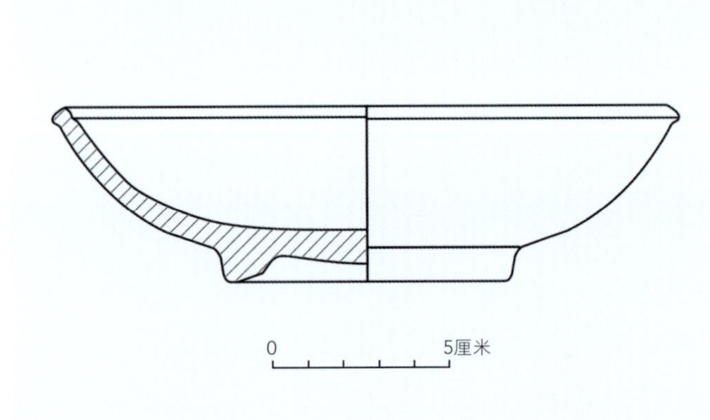

图5-103　AⅢ式碗　02CFT3③：303

图5-104　AⅢ式碗　02CFT3③：300

B型　485件。中型碗。分为二式。

Ⅰ式：373件。敞口。02CFT3③：374，完整，内外壁皆施青釉未及圈足。圆唇，口稍敞，斜直壁，内底近平，矮圈足。外壁绘青花菊花纹与叶纹。口径15.2厘米，高5厘米，足径8.5厘米（图5-107、图5-108）。02CFT1②：259，口沿残缺，内外壁皆施青釉未及圈足。圆唇，近敞口，斜直壁，圈足。外壁绘青花菊花纹与叶纹，内底中央也绘一朵青花菊花，纹饰皆已漫漶不清。口径14.2厘米，高6.2厘米，足径8.2厘米（图5-109、图5-110）。04CFT11②：198，器体略矮，口沿稍残，内外壁皆施青釉未及圈足。圆唇，敞口，近弧壁，圈足稍矮。口沿下有一周凹弦纹，外壁绘青花花卉纹，圈足底内也绘青花花卉纹。口径14.2厘米，高4.5厘米，足径7.7厘米（图5-111、图5-112）。02CFT5②：134，器体稍矮，口沿略残，内外壁皆施青釉未及圈足。圆唇，

图5-105　AⅢ式碗　02CFT3②：192

图5-106　AⅢ式碗　02CFT3③：336

图5-107　BⅠ式碗　02CFT3③：374

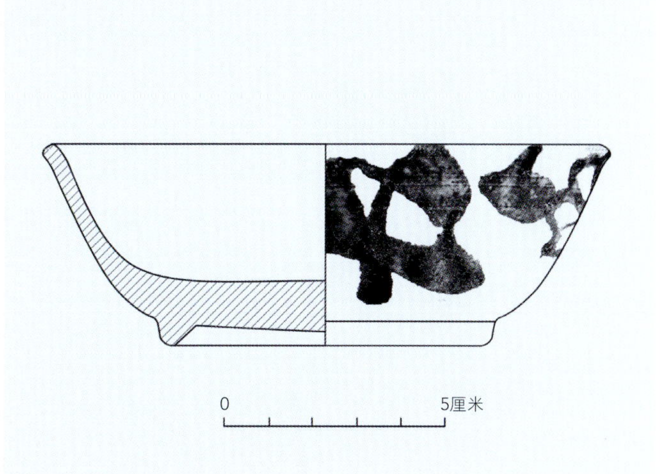

图5-108　BⅠ式碗　02CFT3③：374

图5-109 BⅠ式碗 02CFT1②:259

图5-110 BⅠ式碗 02CFT1②:259

图5-111 BⅠ式碗 04CFT11②:198

图5-112 BⅠ式碗 04CFT11②:198

敞口，近弧壁，矮圈足。外壁绘4朵青花梅花。口径14.5厘米，高4.6厘米，足径8.4厘米（图5-113、图5-114）。02CFT3②：162，器体稍小，口沿残。圆唇，敞口，弧壁，圈足。外壁绘青花花卉纹。口径13.4厘米，高5.5厘米，足径8厘米（图5-115）。02CFT5②：163，施青黄釉未及圈足底，器壁有裂纹。圆唇，大敞口，斜直壁，内底平，圈足稍大。口径17.8厘米，高5.2厘米，足径9.8厘米（图5-116）。02CFT1②：253，内外壁皆施青釉未及圈足，器体稍矮小。圆唇，敞口，斜直壁，内底平，矮圈足，素面。口径13.9厘米，高3.9厘米，足径8.2厘米（图5-117）。04CFT8③：35，内外壁皆施青釉及足底，碗壁内外釉层布满冰裂纹，口沿微残。圆唇，敞口，斜直壁，矮圈足，素面。口径13.6厘米，高4.8厘米，足径6.8厘米（图5-118）。

图5-113　BⅠ式碗　02CFT5②：134

图5-114　BⅠ式碗　02CFT5②：134

图5-115　BⅠ式碗　02CFT3②：162

图5-116　BⅠ式碗　02CFT5②：163

图5-117　BⅠ式碗　02CFT1②：253

图5-118　BⅠ式碗　04CFT8③：35

Ⅱ式：112件。侈口。02CFT2②：333，施青釉不及圈足，口沿残。圆唇，口外侈，近斜直壁，圈足。外壁绘青花水草纹。口径15.4厘米，高6厘米，足径8.3厘米（图5-119、图5-120）。04CFT8②：157，施青釉不及足底。圆唇，口略侈，短沿微折，弧壁，矮圈足。外壁口沿处涂有青花且不成纹饰。口径16.2厘米，高5.2厘米，足径8.7厘米（图5-121、图5-122）。04CFT11②：82，残半，施青釉且及足底，釉面有细冰裂。圆唇，侈口，短沿微卷，近斜直壁，内底近平，圈足。外壁绘青花菊花纹与水草纹，青花釉色已变成铁锈色。口径17.3厘米，高4.8厘米，足径9.7厘米（图5-123、图5-124）。02CFT7③：73，施青釉且及圈足底，釉色近青白色，器身有短裂纹。圆唇，口外侈，弧壁，内底近平，圈足。口径15.3厘米，高4.9厘米，足径8.7厘米（图5-125、图5-126）。02CFT7③：74，器形完整，施青釉近及圈足。圆唇，口稍侈，弧壁，圈足。口径13.3厘米，高6.1厘米，足径6.8厘米（图5-127、图5-128）。02CFT5②：

图5-119 BⅡ式碗 02CFT2②：333

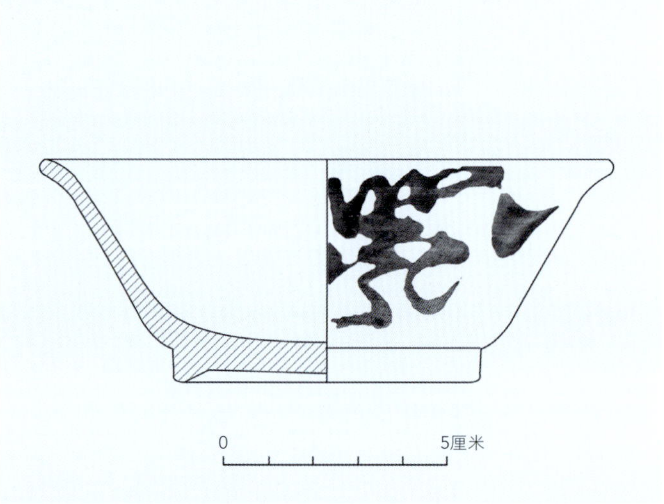

图5-120 BⅡ式碗 02CFT2②：333

图5-121 BⅡ式碗 04CFT8②：157

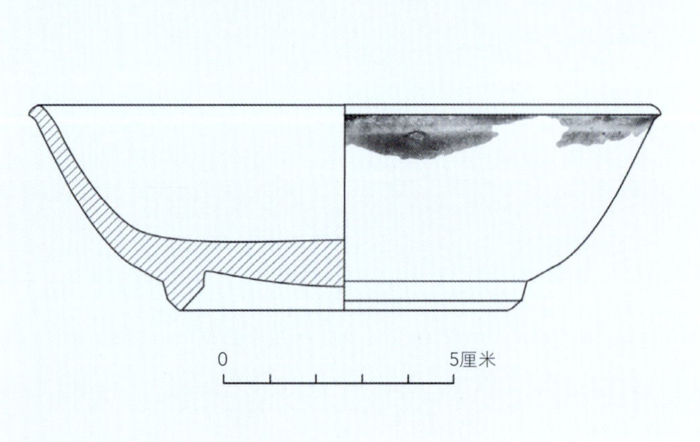

图5-122 BⅡ式碗 04CFT8②：157

图5-123　BⅡ式碗 04CFT11②:82

图5-124　BⅡ式碗 04CFT11②:82

图5-125　BⅡ式碗 02CFT7③:73

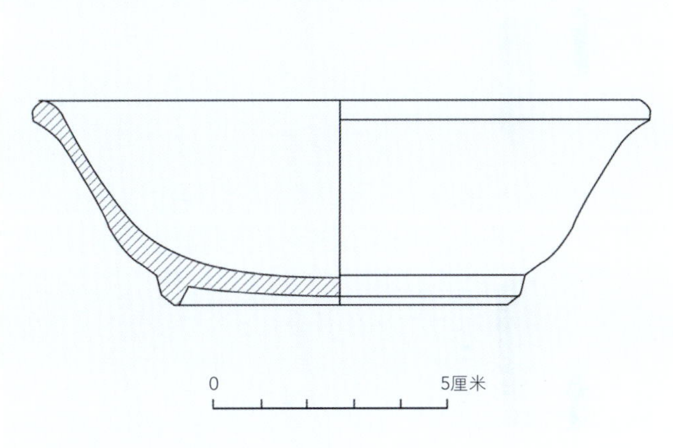

图5-126　BⅡ式碗 02CFT7③:73

图5-127　BⅡ式碗 02CFT7③:74

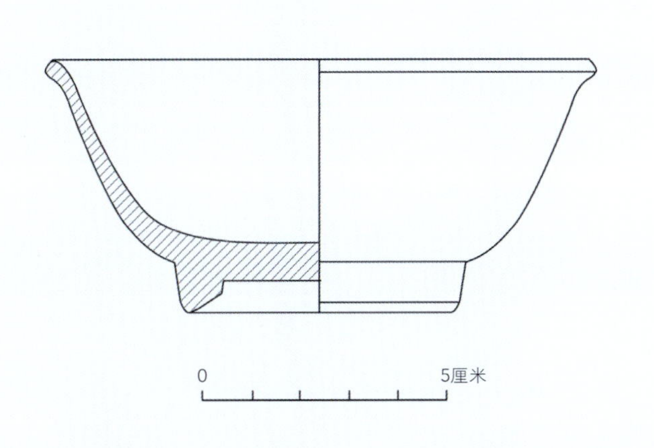

图5-128　BⅡ式碗 02CFT7③:74

162，施青釉不及圈足，器形较矮。圆唇，侈口，壁略弧，内底稍平，圈足。口径16.2厘米，高4.2厘米，足径9.2厘米（图5-129）。04CFT11②：105，外壁施青黄釉不及圈足，内壁口沿处也施青黄釉。圆唇，口略侈，斜直壁，圈足稍大。口径13.8厘米，高4.9厘米，足径9.3厘米（图5-130）。02CFT3③：331，器形完整，碗足底胶结1件陶垫饼，皆都施青釉，碗外壁釉面有滴釉现象。圆唇，侈口，弧壁，圈足。碗口径12.4厘米，垫饼直径9.5厘米，通高8.3厘米（图5-131）。02CFT3③：343，器形完整，外壁施酱褐釉及圈足，内壁施青釉。圆唇，口略侈，壁近斜直，圈足。口径14.5厘米，高5.4厘米，足径8.6厘米（图5-132）。02CFT3③：333，器形完整，碗壁有细裂纹，器身已施有部分较薄的青釉层，器形近同于上一件。圆唇，口沿略卷，口稍侈，近斜直壁，圈足。口径14.5厘米，高4.8厘米，足径9.3厘米（图5-133）。

图5-129　BⅡ式碗 02CFT5②：162

图5-130　BⅡ式碗 04CFT11②：105

图5-131　BⅡ式碗 02CFT3③：331

图5-132　BⅡ式碗 02CFT3③：343

C型　1072件。小型碗。

04CFT9②：120，器形较小，口沿微残，内外壁皆施青釉及圈足底，釉面布满细冰裂纹。圆唇，小敞口，近弧壁，圈足颇小。口径8.9厘米，高3.9厘米，足径4.8厘米（图5-134）。02CFT2②：313，器形较矮，施青釉不及圈足。圆唇，敞口，近斜直壁，圈足。口沿下有一道凹弦纹。口径11.8厘米，高3.5厘米，足径7.4厘米（图5-135）。02CFT2②：306，为3件器形相同的碗胶结叠压在一起，型制同于上1件碗，施青釉不及圈足，均已残。圆唇，敞口，近斜直壁，圈足。口径12厘米，足径6.4厘米（图5-136）。04CFT8③：38，器形较矮，口沿稍残，施青釉不及圈足，釉色不均匀且较斑驳。圆唇，敞口，弧壁，圈足。口沿下有两道凹弦纹。口径12厘米，高3.9厘米，足径5.2厘米（图5-137）。04CFT8③：73，青花，施釉及圈足，口沿残。圆唇，

图5-133　BⅡ式碗　02CFT3③：333

图5-134　C型碗　04CFT9②：120

图5-135　C型碗　02CFT2②：313

图5-136　C型碗　02CFT2②：306

图5-137 C型碗 04CFT8③:38

图5-138 C型碗 04CFT8③:73

敞口，斜直壁，内底平，圈足。外壁口沿下绘青花纹饰且漫漶不清，内底墨书一青花“福”字。口径11.9厘米，高4.2厘米，足径5.9厘米（图5-138、图5-139、图5-140）。04CFT11②：91，施釉及圈足底，口沿稍残缺。圆唇，近直口，弧壁，圈足。外壁绘4朵青花菊花，内底也绘一朵菊花。口径10.5厘米，高4.7厘米，足径6.4厘米（图5-141、图5-142）。04CFT9②：31，施釉不及圈足，口沿微残。圆唇，敞口，壁稍弧，圈足。外壁绘青花花卉纹，已漫漶不清。口径11.5厘米，高4.5厘米，足径6.6厘米（图5-143）。02CFT2②：325，施青黄釉不及圈足，口沿残缺。圆唇，侈口，近斜直壁，圈足。口沿下有一道凹弦纹。口径12厘米，高4.9厘米，足径6.7厘米（图5-144）。04CFT8②：170，素胎，器身仅小部分施薄青釉层，器形稍矮，口沿残缺，器形近同于上一件。圆唇，侈口，近斜直壁，圈足稍小。口径10.3厘米，高4.2厘米，足径4.8厘米（图5-145）。

图5-139 C型碗 04CFT8③:73

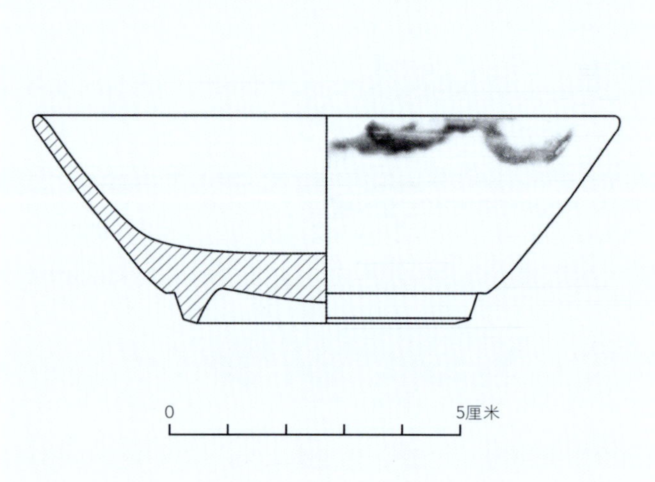

图5-140 C型碗04CFT8③:73

图5-141　C型碗 04CFT11②:91

0　5厘米

图5-142　C型碗 04CFT11②:91

图5-143　C型碗 04CFT9②:31

图5-144　C型碗 02CFT2②:325

图5-145　C型碗 04CFT8②:170

D型　57件。深腹碗。分为二式。

Ⅰ式：52件。窄口沿。皆为青花碗。02CFT3③：421，施青釉及圈足底，釉面有细冰裂纹，口沿稍残。圆唇，侈口，口沿外卷，近斜直壁，内底平，圈足略高。外壁书写二句青花诗文及绘青花水草纹，内壁近口沿处绘一周青花弦纹，内底中央书写一青花“玉”字，圈足外壁绘二周青花弦纹。口径13.8厘米，高7.3厘米，足径6.9厘米（图5-146～图5-148）。02CFT3③：433，2件器形相同的碗胶结在一起，型制近同上一件，口沿皆稍残。施青釉及圈足底，釉面有细冰裂纹。圆唇，侈口，窄沿外卷，近斜直壁，内底平，圈足。外壁所绘的青花水草纹已漫漶不清楚。口径13.4厘米，高7.2厘米，足径6.6厘米（图5-149）。02CFT3③：402，施青釉及圈足，釉面有细冰裂纹，口沿稍残。圆唇，近敞口，窄沿略卷，近斜直壁，内底平，圈足。外壁绘青花菊

图5-146　DⅠ式碗 02CFT3③：421

图5-147　DⅠ式碗 02CFT3③：421

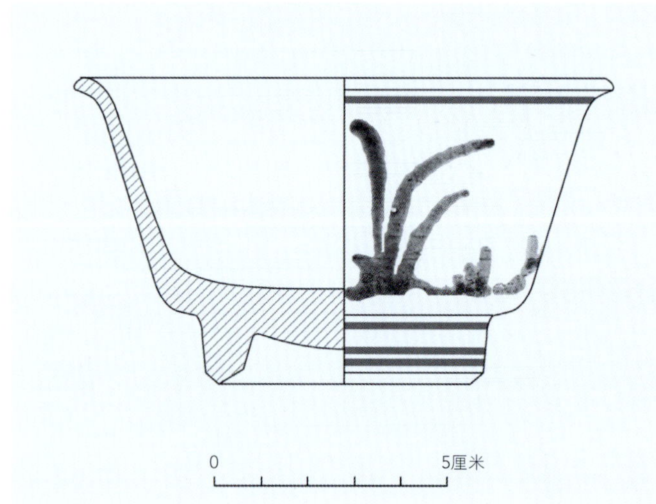

图5-148　DⅠ式碗 02CFT3③：421

图5-149　DⅠ式碗 02CFT3③：433

花纹与水草纹，已较漫漶不清。口径12厘米，高5.8厘米，足径6.9厘米（图5-150）。02CFT3③：426，施青釉及圈足，釉面有细冰裂纹，口沿稍残。圆唇，侈口，窄沿外翻，近斜直壁，内底平，圈足略高。外壁绘青花折枝花卉纹与水草纹，内壁近沿边处有二道青花弦纹，内底中央绘有一青花“玉”字。口径14厘米，高7.5厘米，足径6.5厘米（图5-151～图5-153）。

Ⅱ式：5件。宽口沿。皆为青花碗。04CFT11②：78，口沿已残大半，施青釉及圈足，釉面有细冰裂纹。圆唇，大敞口，宽折沿向上外翻，弧壁，内底近平，圈足。外壁绘青花草叶纹与弦纹，口沿内壁绘一周梅花纹与弦纹。口径17厘米，高7.7厘米，足径6.9厘米（图5-154、图5-155）。

图5-150　DⅠ式碗 02CFT3③：402

图5-151　DⅠ式碗 02CFT3③：426

图5-152　DⅠ式碗 02CFT3③：426

图5-153　DⅠ式碗 02CFT3③：426

4. 盘

225件。其中，青花113件，青釉86件，青黄釉3件，酱褐釉19件，素胎4件。分为折沿、无沿、折壁、斜壁、高足五型，其中以无沿盘为多，折沿盘、折壁盘次之，斜壁盘、高足盘甚少。有的盘内底书青花“玉”“福”等字款（图5-156、图5-157）。

A型 45件。折沿盘。可分二式。

Ⅰ式：19件。弧壁。器形颇大，均已残缺，圈足。02CFT5②：126，器形颇大，盘身残小半，内外壁均施青釉且及圈足，釉面布满细冰裂纹。圆唇，大敞口，折沿较窄，弧壁，内底近平，圈足较大。口径27.9厘米，高6.6厘米，足径13厘米（图5-158、图5-159）。02CFT3③：309，盘身近残大半，内外壁施青釉且及足底，内底无釉。圆唇，敞口较大，窄折沿，弧壁，盘底宽平。内壁绘青花纹饰。口径 23厘米，高6.2厘

图5-154 DⅡ式碗 04CFT11②：78

图5-155 DⅡ式碗 04CFT11②：78

图5-156 “福”字款青花盘 02CFT3③：305

图5-157 “玉”字款青花盘 04CFT8②：172

米，足径10.2厘米（图5-160、图5-161）。02CFT2②：160，内底无釉，残大半。圆唇，敞口较大，平折沿较窄，内底宽平，近弧壁。折沿边内壁绘青花菊花纹。口径23.4厘米，高6.3厘米，足径10.4厘米（图5-162）。02CFT3②：147，器形较大，为2件形制相同的残青釉大盘胶结叠压在一起，施釉及圈足，内底无釉。圆唇，大敞口，平折沿较窄，近弧壁，内底近平。口径26.4厘米，高6.2厘米，足径10.8厘米（图5-163）。

Ⅱ式：26件。斜壁。02CFT3②：151，盘身残大半，内外壁皆施青釉，内底及圈足无釉。圆唇，敞口，宽沿边稍外折，近斜壁，折沿边内壁绘青花纹饰图案。口径23厘米，高6厘米，足径11.4厘米（图5-164、图5-165）。02CFT3②：150，盘身残半，内外壁施青釉，内底及圈足无釉。圆唇，敞口，宽沿边稍外折，斜壁，内壁绘青花单朵菊花。口径20厘米，高5厘米，足径10厘米（图5-166～图5-168）。

图5-158　AⅠ式盘 02CFT5②：126

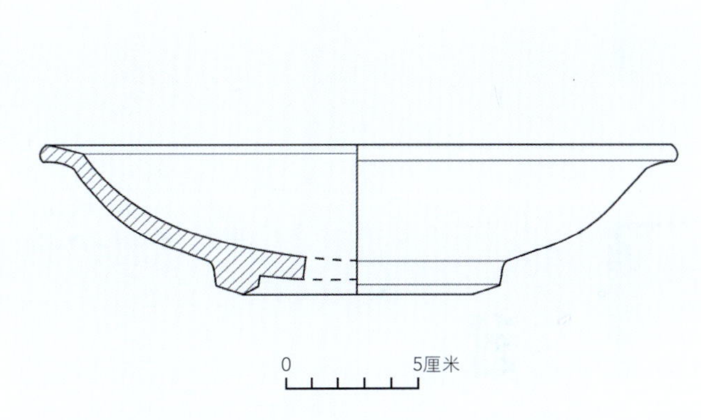

图5-159　AⅠ式盘 02CFT5②：126

图5-160　AⅠ式盘 02CFT3③：309

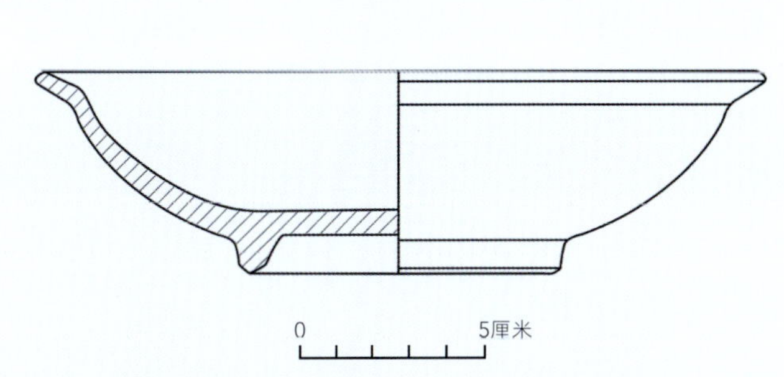

图5-161　AⅠ式盘 02CFT3③：309

B型　141件。无沿盘。分为三式。

Ⅰ式：44件。大型盘。04CFT8③：87，近残半，器形硕大，为窑址出土的最大一件瓷盘。内外壁施青釉，内底及圈足无釉。圆唇，大敞口，斜弧壁，盘身较浅，内底宽平，矮圈足颇大。在内壁口沿部双弦纹内绘一周青花纹饰带，往下盘壁上绘四个等距离的青花丹凤朝阳纹饰图案，内底部又绘两条近褐色弦纹。口径32.4厘米，高6.3厘米，足径16.4厘米（图5-169、图5-170）。

图5-162　AⅠ式盘　02CFT2②：160

图5-163　AⅠ式盘　02CFT3②：147

图5-164　AⅡ式盘　02CFT3②：151

图5-165　AⅡ式盘　02CFT3②：151

图5-166　AⅡ式盘 02CFT3②：150

图5-167　AⅡ式盘 02CFT3②：150

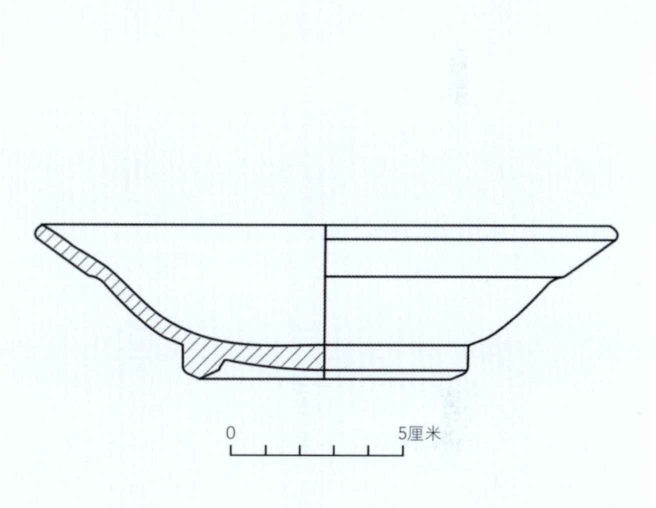

图5-168　AⅡ式盘 02CFT3②：150

图5-169　BⅠ式盘 04CFT8③：87

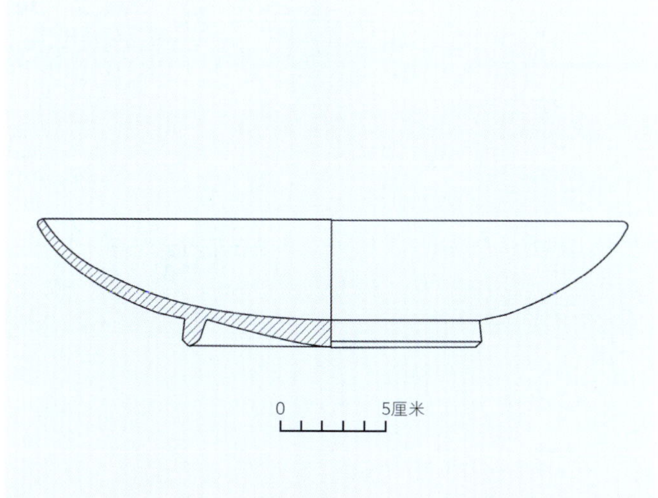

图5-170　BⅠ式盘 04CFT8③：87

图5-171　BⅡ式盘 02CFT3③:292

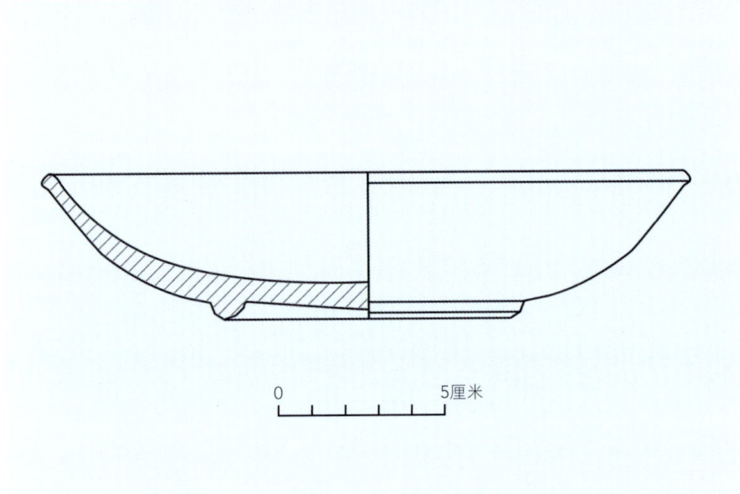

图5-172　BⅡ式盘 02CFT3③:292

图5-173　BⅡ式盘 02CFT3③:292

Ⅱ式：43件。中型盘。02CFT3③：292，残小半，内外壁施青釉及圈足底，内底留有叠烧后的痕迹。圆唇稍卷，敞口，斜弧壁，内底平，矮圈足。内壁绘青花水草纹，内底绘一青花楷书“玉”字。口径23厘米，高5.3厘米，足径11.4厘米（图5-171～图5-173）。04CFT9①：3，残近大半，内外壁施青釉及圈足，内底无釉。圆唇，近直口，弧壁，内底宽平，圈足。内外壁绘有四个等距离的青花纹饰图案，已漫漶无法辨认。口径22厘米，高6.4厘米，足径11.5厘米（图5-174、图5-175）。02CFT2②：151，为四件形制相同的中型盘胶结叠压在一起，器身皆已残破，器形较同于上一件。内外壁施青釉，内底及圈足无釉。近直口，弧壁，内底近平，矮圈足。内外壁所绘的青花纹饰已漫漶无法辨认。口径22.4厘米，高6.2厘米，足径11.6厘米（图5-176）。

Ⅲ式：54件。小型盘。盘身较浅，圈足。02CFT1②：87，器形稍小，口沿略残，内外壁施青釉且不及圈足，釉面有细冰裂纹。圆唇，直口，弧壁，内底近平，圈足稍矮。口径13.6厘米，高3.8厘米，足径7.6厘米（图5-177、图5-178）。02CFT1②：88，口沿已残，内外壁皆施青釉且不及圈足，釉面显得较为斑驳，圈足施酱褐釉。圆唇，直口，弧壁，内底近平。口径14.7厘米，高4.5厘米，足径8.7厘米（图5-179、图5-180）。02CFT3③：298，器形较低矮，口沿残小半，内外壁施青釉，不及内底、圈足，釉面有细冰裂纹。圆唇，近敞口，斜弧壁。口径14.5厘米，高3.3厘米，足径8.6厘米（图5-181、图5-182）。02CFT3③：143，口沿残缺，内外壁施青釉且及圈足底，釉面有细冰裂纹。圆唇，敞口，斜弧壁，内底较宽平，矮圈足。内壁绘青花水草纹，内底中央绘一青花“玉”字。口径16.3厘米，高4.1厘米，足径9.1厘米（图5-183、图5-184）。02CFT3③：295，口沿已残，内外壁施青釉，不及内底和圈足。圆唇，直口，弧壁，内底近平，圈足。外壁绘青花纹饰，已漫漶无法辨认。口径14.2厘米，高4.3厘米，足径8厘米（图5-185）。

C型　31件。折壁盘。

02CFT6③：98，残小半，内外壁施青釉，釉面有细冰裂纹，且不及内底与圈足。圆唇，直口，器壁近下折内收至足部，内底较平，圈足稍矮。内壁绘青花花卉纹，较漫漶不清。口径18.4厘米，高5.5厘米，足径10厘米（图5-186）。

图5-174　BⅡ式盘 04CFT9①：3

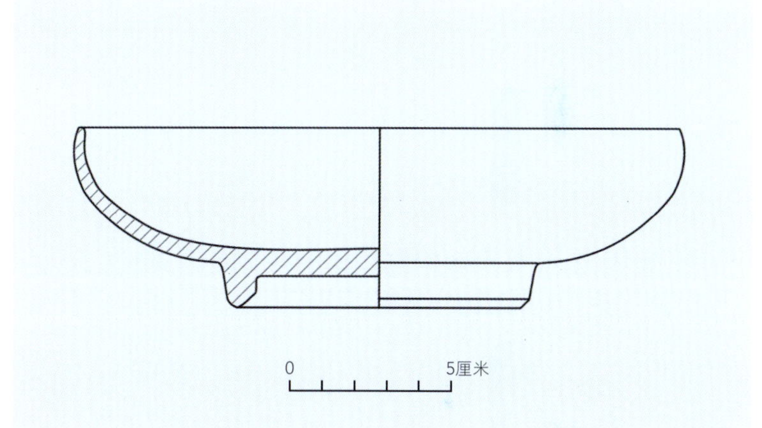

图5-175　BⅡ式盘 04CFT9①：3

图5-176　BⅡ式盘 02CFT2②：151

图5-177　BⅢ式盘 02CFT1②:87

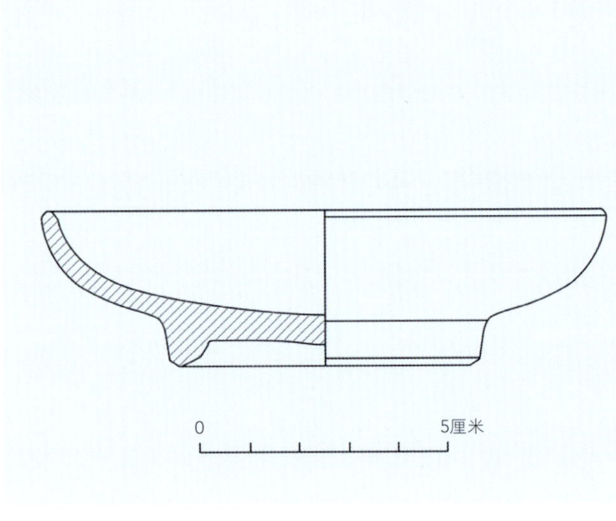

图5-178　BⅢ式盘 02CFT1②:87

图5-179　BⅢ式盘 02CFT1②:88

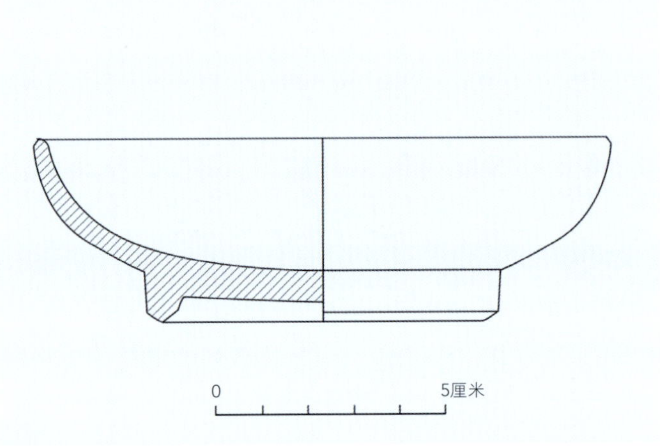

图5-180　BⅢ式盘 02CFT1②:88

图5-181　BⅢ式盘 02CFT3③:298

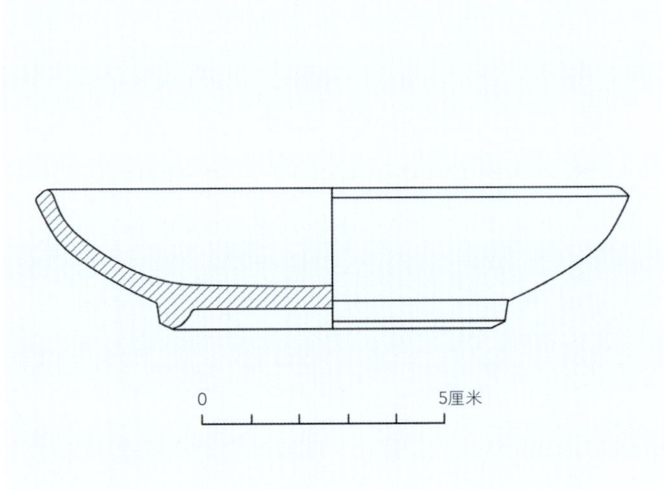

图5-182　BⅢ式盘 02CFT3③:298

图5-183　BⅢ式盘 02CFT3③：143

图5-184　BⅢ式盘 02CFT3③：143

图5-185　BⅢ式盘 02CFT3③：295

图5-186　C型盘 02CFT6③：98

D型　4件。浅身盘。

02CFT2②：147，口沿残小半，内外壁施青釉及圈足，内底无釉，釉面有细冰裂纹。圆唇，敞口，斜弧壁，盘身较浅，矮圈足。内壁绘青花草叶纹，外壁有两周弦纹。口径17.2厘米，高4.2厘米，足径8.5厘米（图5-187、图5-188）。04CFT8③：104，口沿残缺，内外壁施青釉，不及内底与圈足，釉面有细冰裂纹。圆唇，敞口，斜弧壁，盘身很浅，矮圈足。外壁绘青花纹饰。口径16.4厘米，高3.4厘米，足径8厘米（图5-189）。

E型　4件。带足盘。均残，柱形足。

04CFT8②：3，盘身近残半，内外壁施青釉及足部，釉面有细冰裂纹。圆唇，敞口，弧壁，内底稍平，空心短柱形足，近足底稍厚。外壁饰青花团花纹，内底有一圈凹弦纹。口径12.4厘米，高9厘米，足径8.5厘米（图5-190）。02CFT3③：521，盘上

图5-187　D型盘 02CFT2②：147

图5-188　D型盘 02CFT2②：147

图5-189　D型盘 04CFT8③：104

半部分已残，器身施青釉及足部，器壁较厚。弧壁，实心短柱形足，足底往外斜下近呈一大矮底座。残高5.6厘米，足径7.7厘米（图5-191）。

5. 碟

862件。釉色中有青花24件，青釉246件，青黄釉426件，酱褐釉120件，素胎46件。可分圆形和方形二型，除仅有的1件方碟外，其余都为素面圆碟。在出土的瓷碟中，发现有的是多件器物胶结套叠在一起，一般为2件或3件（图5-192），有的为6件（图5-193），最多的达十余件，其最上的1件碟内胶结1件盅，最下的1件碟底胶结1件垫饼（图5-194）。

A型　861件。圆碟。釉色以青黄釉居多，次为青釉，其他釉色较少。器形皆略小，按器壁的不同，则有斜壁、弧壁二式之别，其中以斜壁最多。

Ⅰ式：785件。斜壁。器形颇矮，外壁和口沿皆施釉，圆唇，小敞口，内底近平，矮圈足。02CFT1②：184，器形稍小，施青黄釉，内壁无

图5-190　E型盘 04CFT8②：3

图5-191　E型盘　02CFT3③：521

图5-192　02CFT7③：70

图5-193　04CFY②：1

图5-194　02CFT2②：429

图5-195 AⅠ式碟 02CFT1②:184

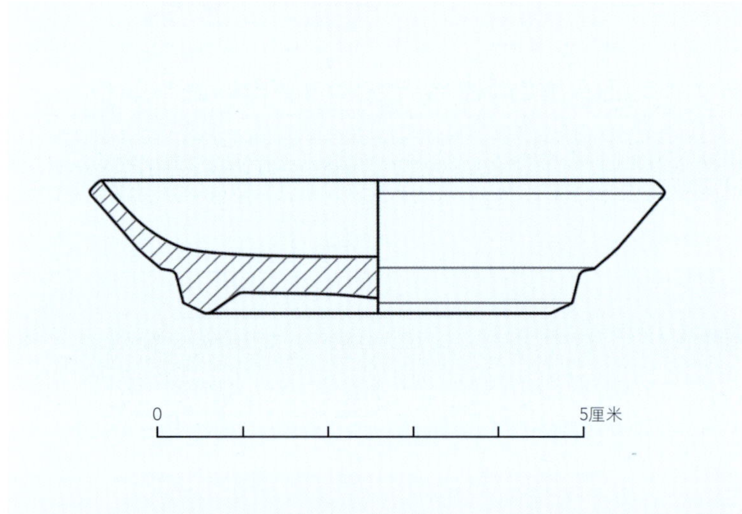

图5-196 AⅠ式碟 02CFT1②:184

图5-197 AⅠ式碟 02CFT5②:115

釉。口径8厘米，高1.8厘米，足径5厘米（图5-195、图5-196）。02CFT5②：115，施酱褐釉，近底有裂纹，近内底无釉。口径9.8厘米，高2.2厘米，足径5.9厘米（图5-197）。02CFT1②：191，施青釉，近内底无釉，口沿稍有裂纹。口径8.9厘米，高2.1厘米，足径5.6厘米（图5-198、图5-199）。02CFT3③：177，施酱褐釉，内底无釉，碟身略深。口径10.3厘米，高3.5厘米，足径5.6厘米（图5-200、图5-201）。02CFT5②：110，碟身稍变形，内外壁皆施青釉及圈足，釉色较斑驳。口径8.6厘米，高2.5厘米，足径4.9厘米（图5-202）。

Ⅱ式：76件。弧壁。圆唇，敞口，弧壁，矮圈足。02CFT2②：409，口沿微残，施酱褐釉不及足，内底无釉。口径9厘米，高3.4厘米，足径5厘米（图5-203、图5-204）。02CFT2②：349，口沿稍残，内外壁施青釉及足，釉面有细冰裂纹。口径8.3厘米，高2.6厘米，足径5.2厘米（图5-205、图5-206）。02CFT3③：188，施青釉及足，内底无釉，釉面有细冰裂纹。口径10厘米，高2.7厘米，足径5.8厘米（图5-207、图5-208）。04CFT11④：15，器形稍矮，碟身残缺，内外壁皆施青釉及圈足，釉面有细冰裂纹，圈足略矮。口径12.7厘米，高2.3厘米，足径6.4厘米（图5-209）。

B型 1件。青花方碟。

04CFT8③：188，平面近呈长方形，其中一端边较斜直，四周内壁稍斜下，斜直壁内侧胶结有釉质物。内外壁皆施施青釉及方足。平唇，近直口，内底较平，矮方圈足，四侧边外壁饰青花三角莲瓣纹。口长6.3厘米，宽5.3厘米，高1.8厘米，足长4.4厘米，宽3.6厘米（图5-210）。

图5-198　AⅠ式碟 02CFT1②：191

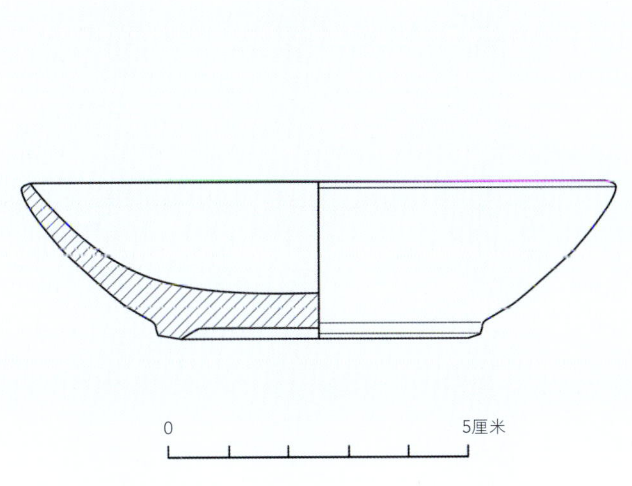

图5-199　AⅠ式碟 02CFT1②：191

图5-200　AⅠ式碟 02CFT3③：177

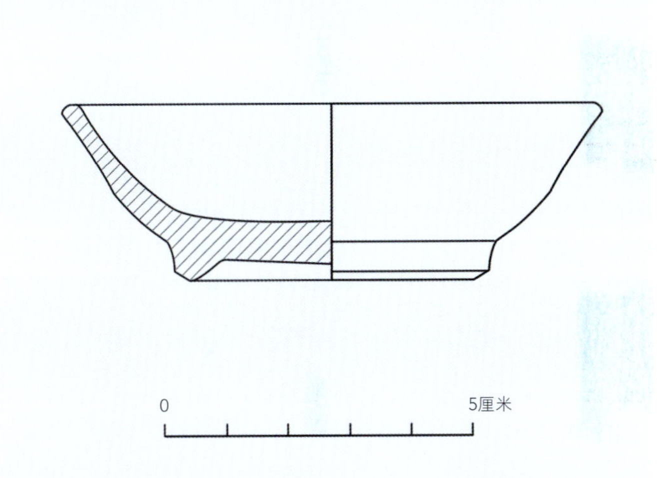

图5-201　AⅠ式碟 02CFT3③：177

图5-202　AⅠ式碟 02CFT5②：110

图5-203　AⅡ式碟 02CFT2②:409

图5-204　AⅡ式碟 02CFT2②:409

图5-205　AⅡ式碟 02CFT2②:349

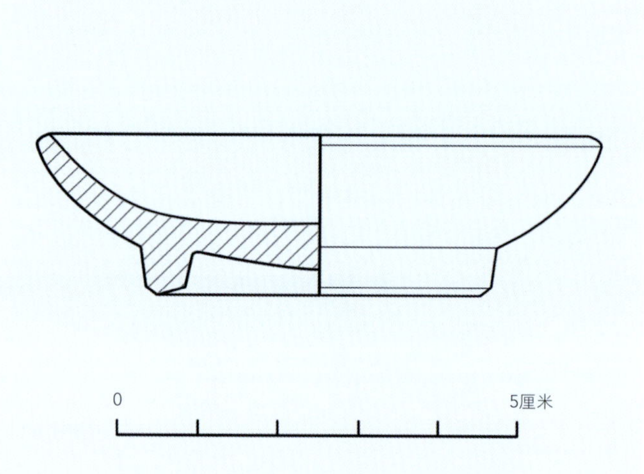

图5-206　AⅡ式碟 02CFT2②:349

图5-207　AⅡ式碟 02CFT3③:188

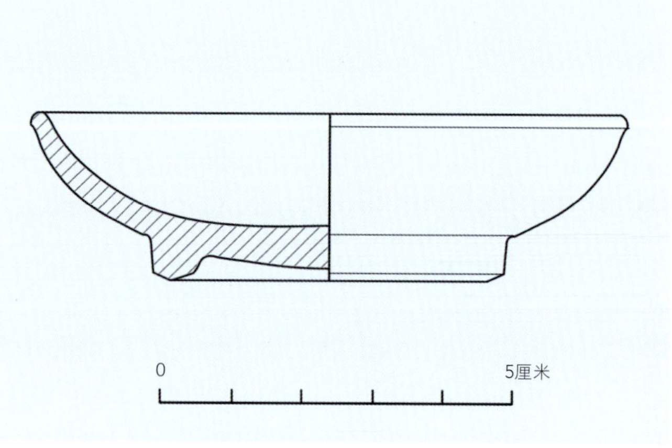

图5-208　AⅡ式碟 02CFT3③:188

图5-209　AⅡ式碟 04CFT11④：15

图5-210　B型碟 04CFT8③：188

6. 盅

696件。其中，青花26件，青釉417件，青黄釉130件，酱褐釉120件，黑褐釉2件，素胎1件。可分小盅、直口盅、带足盅三型，以小盅居多，带足盅次之，直口盅较少。其中，有的是多件瓷盅胶结套叠在一起（图5-211～图5-213），当属次品。

A型　465件。小型盅。多数为完整或较完整者，仅小部分皆残。

02CFT2②：173，完整，器身施釉及足部。圆唇，口略敞，近斜直壁，圈足。近口沿边有较漫漶的青花纹饰。口径6.7厘米，高3.4厘米，足径3.8厘米（图5-214）。02CFT3③：241，口沿稍残，施釉不及足部。圆唇，侈口，卷沿，近弧壁，小圈足。器身饰青花草叶纹。口径6厘米，高4厘米，足径3.2厘米（图5-215）。02CFT3③：206，完整，施青釉且及足部。圆唇，口略侈，近弧壁，圈足稍矮。口径6.4厘米，高2.9厘米，足径3.2厘米（图5-216、图5-217）。02CFT2②：188，口沿微残，施青釉且不及足部。圆唇，侈口，卷沿，近弧壁，圈足。器身外壁有多道凸弦纹。口径7.5厘米，高3.2厘米，足径3.9厘米（图5-218、图5-219）。02CFT3②：118，完整，内外壁施黑褐釉不及足部，釉色已较斑驳。圆唇，侈口，卷沿，壁略弧，圈足。口径6.6厘米，高3.2厘米，足径3.4厘米（图5-220）。02CFT3③：255，完整，施酱褐釉不及足部。圆唇，侈口，沿稍外翻，壁近斜直，圈足略高。口径6.2厘米，高4厘米，足径3厘米（图5-221）。02CFT3③：268，完整，施酱褐釉不及足部，外壁带有一青釉斑块。圆唇，侈口，沿稍卷，近弧壁，圈足稍高。口径6.2厘米，高4.5厘米，足径3.3厘

图5-211　02CFT3②：115

图5-212　02CFT3③：354

图5-213　04CFT11②：157

图5-214　A型盅　02CFT2②：173

图5-215　A型盅　02CFT3③：241

图5-216　A型盅　02CFT3③：206

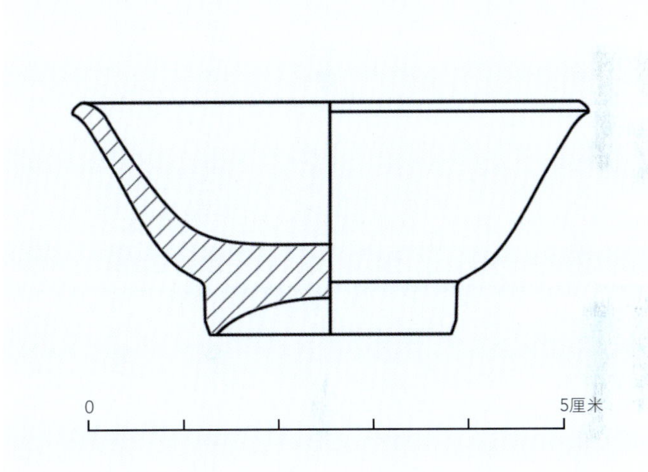

图5-217　A型盅　02CFT3③：206

图5-218　A型盅　02CFT2②：188

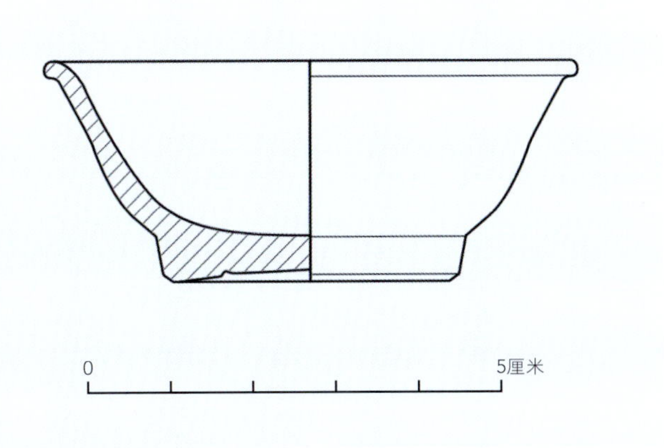

图5-219　A型盅　02CFT2②：188

图5-220 A型盅 02CFT3②：118

图5-221 A型盅 02CFT3③：255

图5-222 A型盅 02CFT3③：268

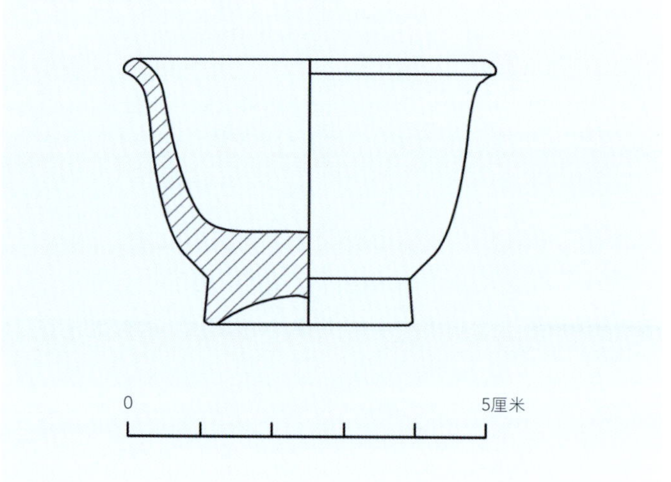

图5-223 A型盅 02CFT3③：268

米（图5-222、图5-223）。04CFT8③：170，为二件器形相同的盅倒扣胶结在一起，完整，施青釉不及足部。圆唇，侈口，斜直壁，矮圈足。口径6.4厘米，高3.5厘米，足径3.4厘米（图5-224）。

B型 58件。直口盅。

02CFT2②：205，完整，内外壁施釉及足底，釉面布满冰裂纹。圆唇，小直口，近弧壁，圈足。盅身饰青花丹凤朝阳纹饰，十分漫漶不清。口径6.2厘米，高3.9厘米，足径3.7厘米（图5-225、图5-226）。02CFT3③：257，完整，内外壁施釉不及圈足。圆唇，直口，弧壁，圈足略高。器身饰青花纹饰，已漫漶不清。口径6.6厘米，高3.7厘米，足径3.4厘米（图5-227）。02CFT3②：123，略变形，口沿稍残，内外壁施青釉不及足。圆唇，近小直口，弧壁，圈足。口径6.4厘米，高3.3厘米，足径3.4厘米（图5-228）。

图5-224　A型盅　04CFT8③：170

图5-225　B型盅　02CFT2②：205

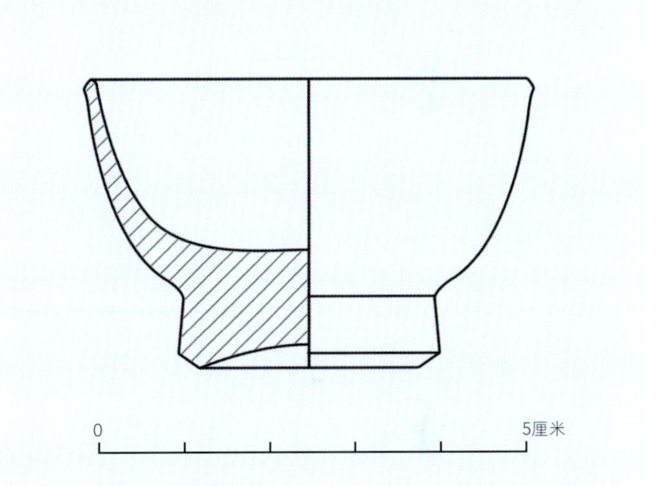

图5-226　B型盅　02CFT2②：205

图5-227　B型盅　02CFT3③：257

图5-228　B型盅　02CFT3②：123

图5-229 C型盅 02CFT6②:75

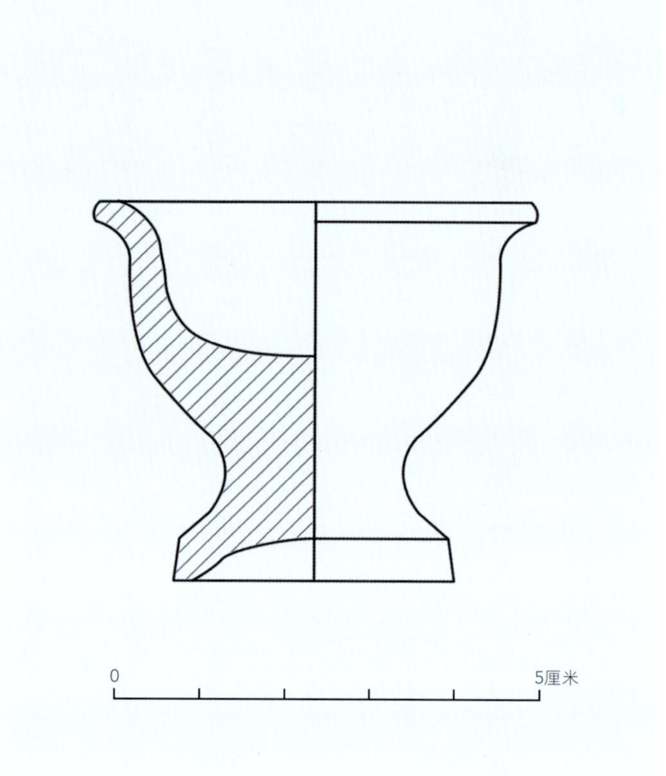

图5-230 C型盅 02CFT6②:75

C型 173件。高足盅。

02CFT6②：75，完整，内外壁施青黄釉不及圈足。圆唇，侈口，卷沿，弧壁，近亚腰形高足。口径6.5厘米，高5.6厘米，足径4厘米（图5-229、图5-230）。02CFT2②：166，口沿略残，内外壁施青黄釉不及圈足，盅身近呈一小罐形。圆唇，侈口，卷沿，鼓壁，近亚腰形高足。口径6.2厘米，高6.8厘米，足径4.6厘米（图5-231、图5-232）。02CFT4②：61，口沿与高足稍残，内外壁施青釉及圈足，釉面有冰裂纹。圆唇，侈口，卷沿，弧壁，近亚腰形足。口径6.2厘米，高5.2厘米，足径4厘米（图5-233）。02CFT2②：170，口沿与高足均残，内外壁施黑褐釉及圈足。圆唇，侈口，卷沿，弧壁，近亚腰形足。口径6.6厘米，高6.4厘米，足径4.9厘米（图5-234）。04CFT9②：117，口沿残，内外壁施黄褐釉不及圈足。圆唇，侈口，卷沿，弧壁，近亚腰形高足。口径6.2厘米，高5.3厘米，足径4.5厘米（图5-235）。

7. 钵

12件。其中青花1件，青釉7件，青黄釉4件。分为二式。

Ⅰ式：6件。三足钵。02CFT32：75，器壁近口沿处残缺，外壁施青釉及三足，釉面布满冰裂纹，内壁无釉。圆尖唇，口沿内敛，腹部圆鼓，内底略弧平，三足是由

图5-231　C型盅 02CFT2②：166

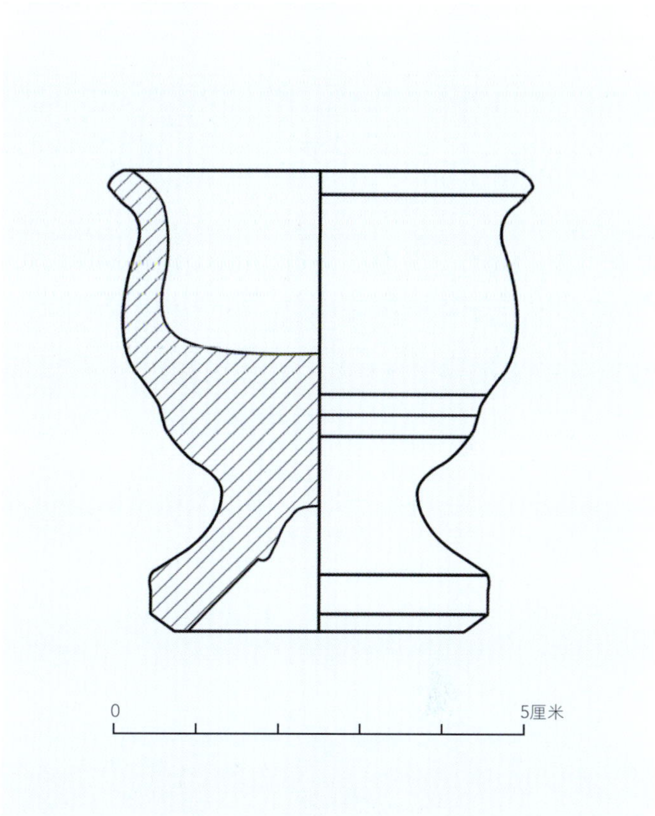

图5-232　C型盅 02CFT2②：166

图5-233　C型盅 02CFT4②：61

图5-234　C型盅 02CFT2②：170

图5-235 C型盅 04CFT9②:117

圈足改挖而成的。口径12厘米，高8.5厘米（图5-236、图5-237）。04CFT9②：16，口沿稍残，外壁施青黄釉未及三足，内壁无釉。圆尖唇，敛口，近斜弧腹，三足。口径12.3厘米，高7.3厘米（图5-238、图5-239）。

Ⅱ式：6件。圈足钵。02CFT2②：23，残大半，外壁施酱褐釉未及足部，内壁无施釉。圆尖唇，敛口，弧腹，圈足稍粗。口径16厘米，高7.2厘米，足径10厘米（图5-240）。02CFT6②：57，残大半，器胎稍厚，外壁施青釉及足底，内壁无

图5-236 Ⅰ式钵 02CFT3②:75

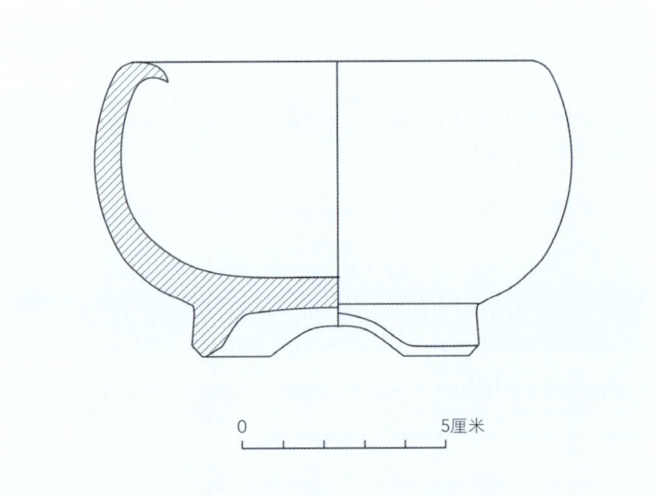

图5-237 Ⅰ式钵 02CFT3②:75

图5-238 Ⅰ式钵 04CFT9②:16

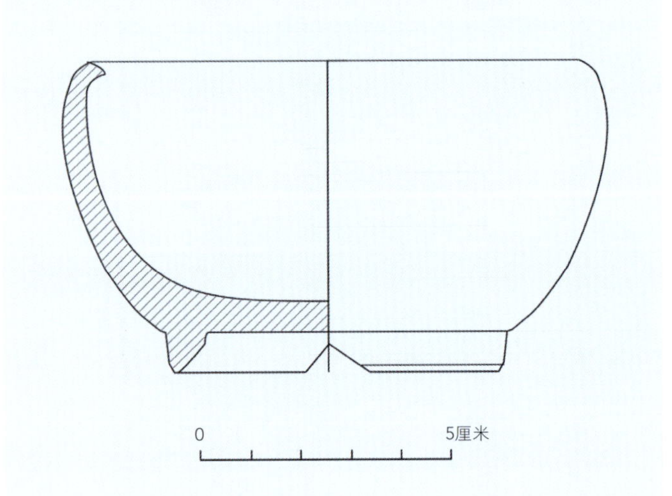

图5-239 Ⅰ式钵 04CFT9②:16

釉。圆唇，口沿内卷，敛口，鼓腹，圈足略外撇，下腹至足部刻有三角莲瓣纹。高11厘米，足径10.2厘米（图5-241、图5-242）。02CFT6③：55，器身、口沿均已残，瓷胎颇厚。内外壁皆施青釉，釉面有冰裂纹，粗圈足施酱褐釉。敛口，鼓腹，外壁饰青花花卉纹，内壁布满轮制旋纹痕。残高9.5厘米，足径10.6厘米（图5-243）。

8. 钵形器

1件。04CFT9②：116，近残半，器身外壁施酱褐釉不及足部，内壁上半部施青釉。圆唇，口略内敛，平沿内折，直壁，内底平整，沿器底一周钻有十个小圆孔，圈足稍高。口径13.5厘米，高6.5厘米，足径8.5厘米（图5-244～图5-246）。

图5-240　AⅡ式钵 02CFT2②：23

图5-241　AⅡ式钵 02CFT6②：57

图5-242　AⅡ式钵 02CFT6②：57

图5-243　AⅡ式钵 02CFT6③：55

9. 杯

2件。04CFT11②：172，杯身残大半且已稍变形，内外壁施青釉及圈足上部，杯内有一瓷碟残片。圆唇，口微侈，卷沿，近弧壁，内底平且饰三周凹弦纹，圈足较高，厚足底带有一小孔。口径8厘米，高6.3厘米，足径6.9厘米（图5-247）。02CFT3②：141，口沿残缺，直壁，内底平，圈足稍高，足上有二小孔。残高7厘米，足径7.3厘米。

10. 盆

38件。其中，青黄釉18件，酱褐釉20件。分为平底、圈足二式。

Ⅰ式：36件。平底盆。内外壁施酱褐釉，釉色较斑驳，平底内凹。02CFT5③：118，口沿稍变形，器体较大，器内还胶结有另一件相同型式的残酱褐釉盆。圆唇，

图5-244 钵形器 04CFT9②：116

图5-245 钵形器 04CFT9②：116

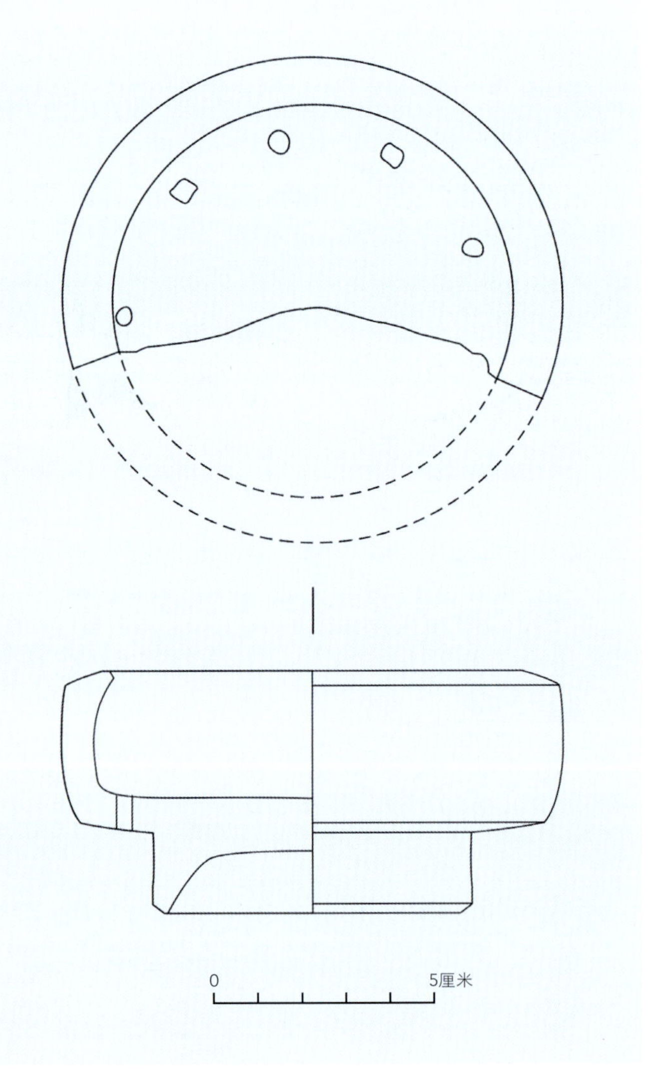

图5-246 钵形器 04CFT9②：116

宽平沿且外折，大敞口，鼓腹，大平底。口径32.5厘米，高18厘米，底径23厘米（图5-248）。02CFT3②：155，残半，内外壁施酱褐釉，平唇，口沿内折且稍斜上，敞口，斜弧壁，底稍内凹。口径24.8厘米，高11厘米，底径14.2厘米（图5-249、图5-250）。02CFT2②：36，残大半，外壁施青黄釉，内壁施酱褐釉。圆唇，口沿内折，敞口，近斜弧壁。口沿下方残存一斜桥纽。口径24厘米，高11.5厘米，底径16厘米（图5-251）。02CFT6②：98，残大半，器形较矮，内外壁施酱褐釉，圆唇，卷沿，敞口，斜弧壁，底稍内凹。口径20.6厘米，高8.5厘米，底径12.5厘米（图5-252）。

Ⅱ式：2件。圈足盆。02CFT3②：156，残大半，外壁施薄青釉，内壁施酱褐釉，且布满轮制旋纹痕。平唇，窄沿边往外平折，大敞口，近鼓壁，圈足。口径25.6厘米，高10.6厘米，足径10.7厘米（图5-253）。

图5-247　杯 04CFT11②：172

图5-248　Ⅰ式盆 02CFT5③：118

图5-249　Ⅰ式盆 02CFT3②：155

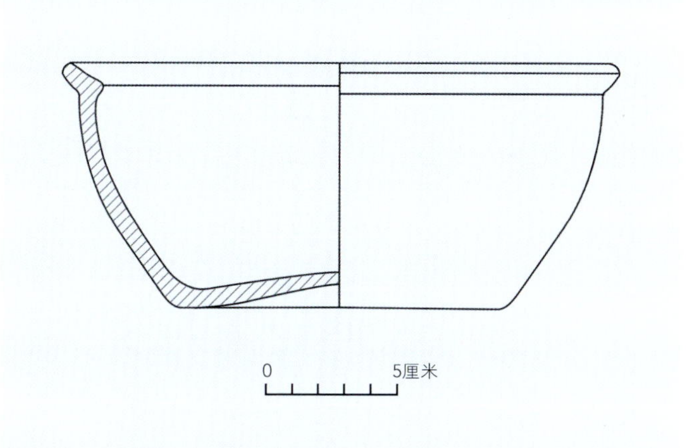

图5-250　Ⅰ式盆 02CFT3②：155

图5-251 Ⅰ式盆 02CFT2②:36

图5-252 Ⅰ式盆 02CFT6②:98

图5-253 Ⅱ式盆 02CFT3②:156

11. 瓮

73件。其中，青釉2件，青黄釉47件，酱褐釉20件，素胎4件。可分蛙饰和素面二式。

Ⅰ式：11件。蛙饰瓮。02CFT3②：258，残大半，器形颇大，器壁稍厚，近灰白胎，器身通体施青釉，表面还有自上而下的青黄釉釉滴，且显得较光亮。圆唇，卷沿，直口，短颈，溜肩，鼓腹，往下斜收至大平底。颈部饰两周水波纹，肩部饰六个横桥状耳，各耳之间帖塑有蛙与龟。口径16厘米，高44厘米，底径37.2厘米（图5-254）。04CFT9②：178，为瓮上身残片，施青釉。溜肩，鼓腹，肩部残留贴塑的一蛙饰，往下有两周凸水波纹，还残存一横桥耳（图5-255）。04CFT11②：199，为瓮上身残片，施酱褐釉，其器表还残留所贴塑的一蛙饰及一个横桥耳（图5-256）。

Ⅱ式：62件。素面瓮。直口，圆唇，卷沿，弧腹，平底。02CFT1②：64，器形颇大，施酱褐釉不及底，器表有少量滴釉。颈甚短，肩稍鼓，肩部饰四竖桥耳。口径10厘米，高34厘米，底径13.3厘米（图5-257）。02CFT11②：13，器形完整，施青黄釉近及底，釉色较斑驳，器身附有胎土残渣。短颈，鼓肩，肩部饰四竖桥耳，底较大。口径9.5厘米，高29.6厘米，底径15.2厘米（图5-258）。02CFT8②：1，残瓮上半身小部分，施青黄釉，釉色较斑驳，鼓肩，肩部饰四竖桥耳。口径11.8厘米，残高14.5厘米（图5-259、图5-260）。02CFT3②：210，仅残存瓮上半身，素胎未施釉。短颈，残有二个竖桥耳。肩部饰四道褐彩弦纹，往下器身四周还绘长莲瓣纹。口径10厘米，残高15厘米（图5-261）。

图5-254　I式瓮 02CFT3②：258

图5-255　I式瓮 04CFT9②：178

图5-256　I式瓮 04CFT11②：199

12. 缸

25件。其中，青黄釉12件，酱褐釉7件，素胎6件。分为二式。

Ⅰ式：12件。无流缸。平底。02CFT1②：121，口沿稍残，内外壁皆施酱褐釉及底，釉面上还杂有少许黑褐釉。圆唇，直口，平折沿，窄弧肩，斜直壁，内底稍上凸，肩部饰四个小竖桥耳。口径21.8厘米，高16.6厘米，底径13.2厘米（图5-262）。04CFT11②：1，形制同于前者，因受挤压器身已变形，内外壁皆施酱褐釉，釉面杂有少许黑褐釉。带四个小竖桥耳，缸内胶结有一件酱褐釉双耳罐。高20.5厘米，底径13.8厘米（图5-263）。02CFT1②：122，口沿处已残，器形较大，施青黄釉近及及底。大直口，平折内沿，斜直壁，平底稍小，口沿下带四个小竖桥耳。口径26厘米，高16.8厘米，底径10.6厘米（图5-264）。04CFT11②：27，为一件无流缸口沿残片，器表略施酱褐釉薄层，器形甚大。圆唇，宽口沿且外折，广口，口径约为40厘米（图5-265）。

Ⅱ式：13件。带流缸。内外壁均施釉及平底，饰桥状耳。04CFT9①：6，器身大部分已残缺，仅为缸底部，原器形不明，施青黄釉及底。器壁近斜直，内底稍宽平，在近底部有一短管流，原有四个竖桥状耳，现残存二耳。残高7.4厘米，底径15.4厘米（图5-266）。02CFT7①：15，仅为一带流缸器底，内底较平，残缺流，存三横桥状

图5-257 Ⅱ式瓮 02CFT1②:64

图5-258 Ⅱ式瓮 02CFT11②:13

图5-259　Ⅱ式瓮 02CFT8②：1

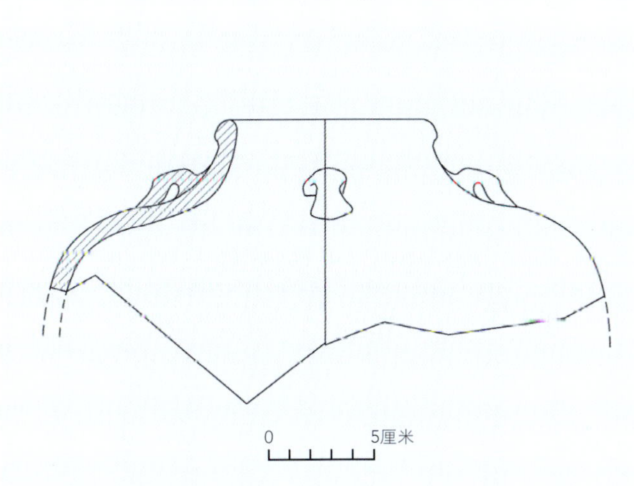

图5-260　Ⅱ式瓮 02CFT8②：1

图5-261　Ⅱ式瓮 02CFT3②：210

图5-262　Ⅰ式缸 02CFT1②：121

图5-263　Ⅰ式缸 04CFT11②：1

图5-264　Ⅰ式缸 02CFT1②：122

耳。残高6.8厘米，底径14厘米（图5-267）。02CFT3②：217，带流缸上半器身残件，施酱褐釉。圆唇，平沿外折，大敞口，鼓腹，近口沿处带一短管流。口径29.6厘米，残高16.6厘米，短管流径6.2厘米（图5-268）。

13. 灯盏

93件。其中，青釉3件，青黄釉73件，酱褐釉17件，其中以青黄釉为多。可分为柱状足、竹节形足、复式足、球柱形足及带纽足五型。

A型 21件。柱状足灯盏。内外壁均施釉及足，圆唇，侈口，卷唇，盏身近似小钵形，实心足。

02CFT2②：5，施青黄釉。口沿稍内收近亚腰形，鼓壁，盏身有弦纹，下接一柱状实足，平底。口径6.7厘米，通高8.5厘米，底径4厘米（图5-269、图5-270）。02CFT7③：52，施酱褐釉。近侈口，近直壁，盏身有弦纹，下接一较柱状实足，平底。口径7.3厘米，通高7厘米，底径3.7厘米（图5-271、图5-272）。04CFT11②：152，口

图5-265 Ⅰ式缸 04CFT11②：27

图5-266 Ⅱ式缸 04CFT9①：6

图5-267 Ⅱ式缸 02CFT7①：15

图5-268 Ⅱ式缸 02CFT3②：217

图5-269　A型灯盏 02CFT2②：5

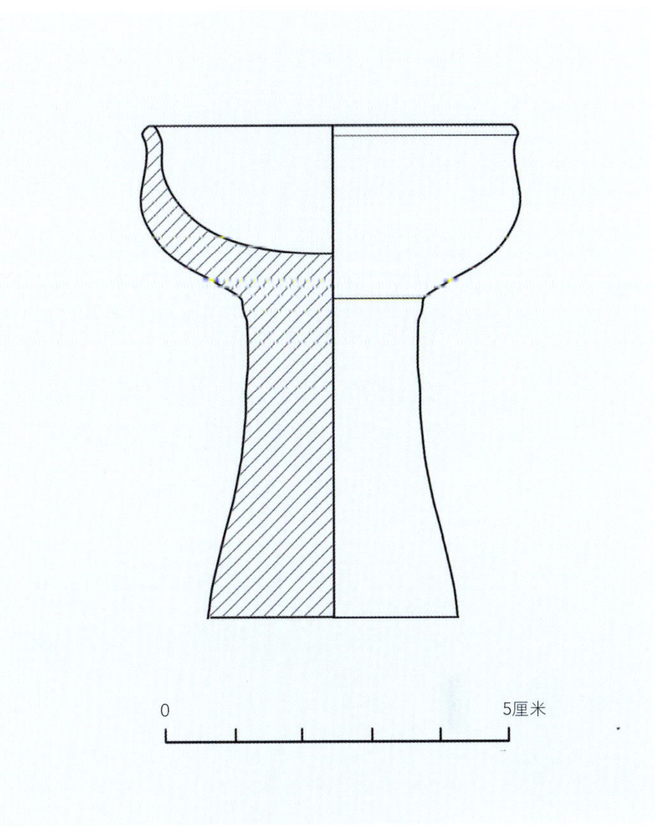

图5-270　A型灯盏 02CFT2②：5

图5-271　A型灯盏 02CFT7③：52

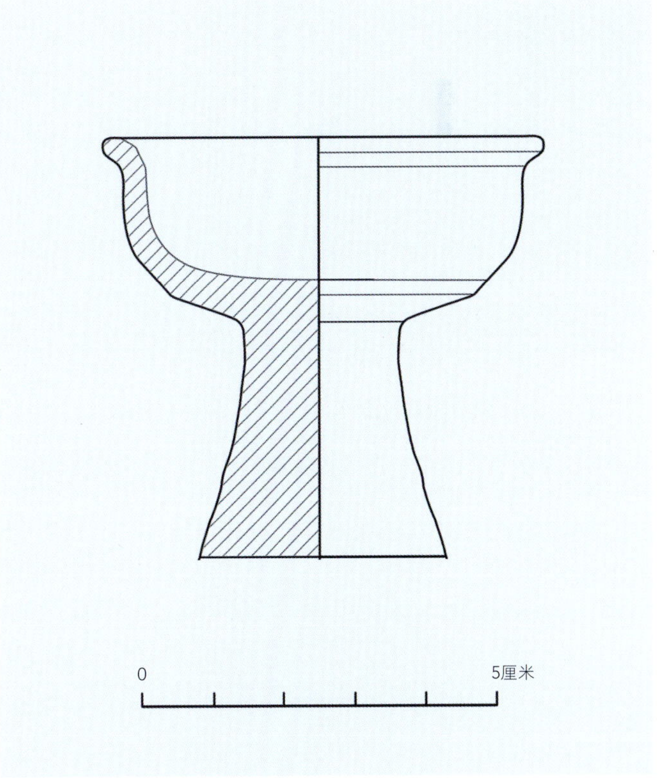

图5-272　A型灯盏 02CFT7③：52

沿已残，施青黄釉。近弧壁，下接一稍细柱状实足，足身有弦纹，平底。口径7.5、通高6.8厘米，底径2.4厘米（图5-273、图5-274）。04CFT11②：154，口沿稍残，施青黄釉。近直壁，下接一矮柱状实足，平底。口径6.7厘米，通高5.7厘米，底径3.8厘米（图5-275）。02CFT2②：10，口沿稍残，灯盏身较小，施酱褐釉。近弧壁，下接一粗柱状实足，平底稍大且往外斜下。口径7厘米，通高9厘米，底径8厘米（图5-276）。

B型　54件。竹节形足灯盏。内外壁均施釉及底，盏身近似小钵形，分实心足和空心足二式。

Ⅰ式：25件。实心足。圆唇，侈口，卷唇，平底。02CFT4②：47，口沿已残，施青黄釉。近直壁，内底中央置一小孔，盏身有两道凸弦纹。口径6.5厘米，通高9厘米，底径4.3厘米（图5-277）。02CFT3③：93，口沿略残，盏身稍变形，施酱褐釉。近弧壁，竹节形足较矮，盏身有凸弦纹。口径7.2厘米，通高8.7厘米，底径4厘米（图5-278、图5-279）。02CFT3③：82，　盏身残半，施青黄釉。近直壁，实心竹节形足稍高。口径8厘米，通高13.2厘米，底径5厘米（图5-280、图5-281）。

Ⅱ式：29件。竹节形空心足。盏身皆浅小。02CFT3③：38，口沿残，施青黄釉，近直口，斜弧壁，竹节形足稍矮，足底较宽厚。口径7.4厘米，通高10.5厘米，足径8.5厘米（图5-282、图5-283）。02CFT2②：4，口沿残小半，施青黄釉，盏身浅近碟形，小敞口，斜直壁，竹节形足底较宽厚。口径7厘米，通高10厘米，足径8.5厘米（图

图5-273　A型灯盏　04CFT11②：152

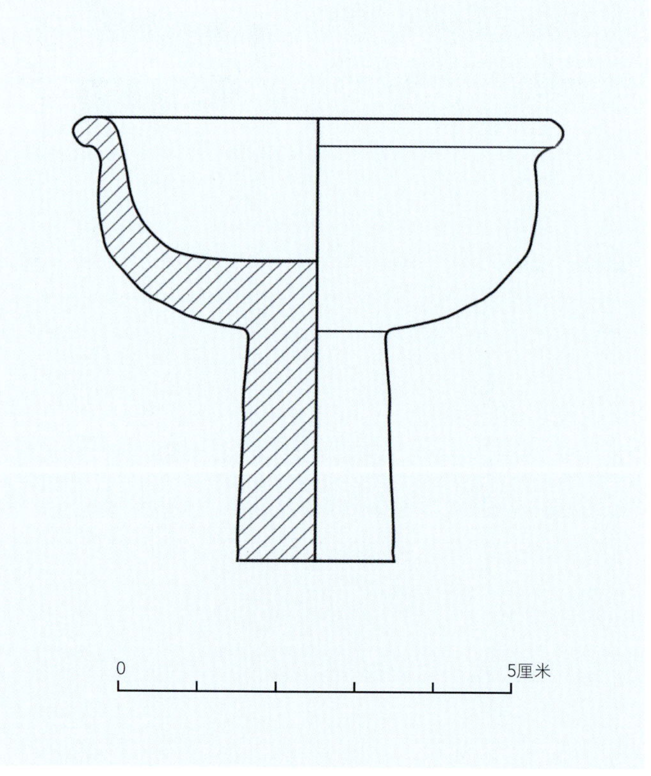

图5-274　A型灯盏　04CFT11②：152

图5-275　A型灯盏 04CFT11②:154

图5-276　A型灯盏 02CFT2②:10

图5-277　BⅠ式灯盏 02CFT4②:47

图5-278 BⅠ式灯盏 02CFT3③：93

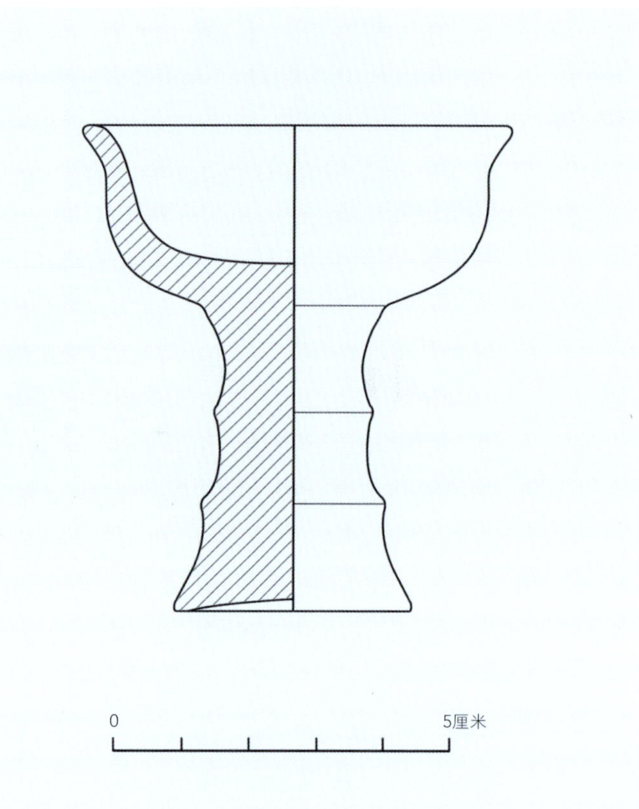

图5-279 BⅠ式灯盏 02CFT3③：93

图5-280 BⅠ式灯盏 02CFT3③：82

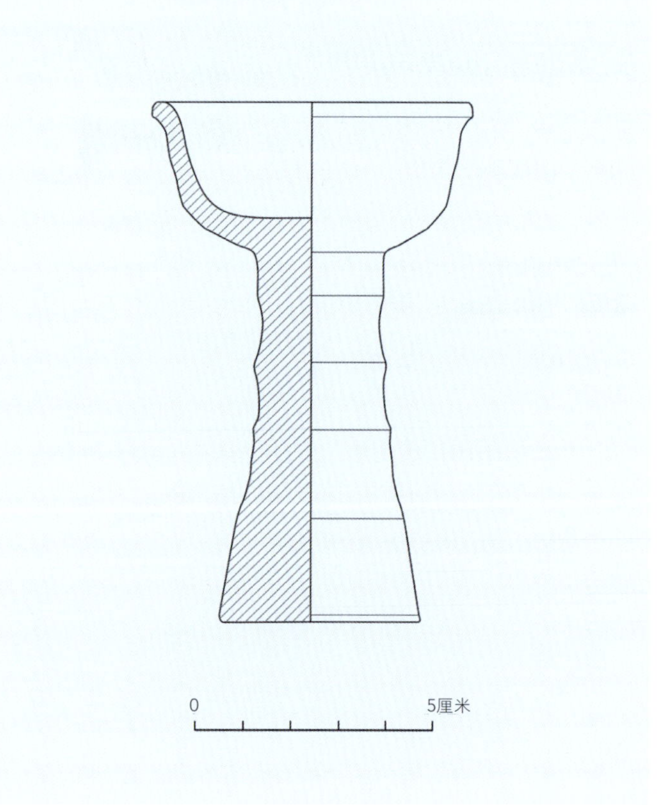

图5-281 BⅠ式灯盏 02CFT3③：82

5-284、图5-285）。02CFT3③：80，盏身变形，已残，施酱褐釉，小敞口，口沿内折，近直壁，竹节形足稍高，足底较宽厚。口径8.4厘米，通高15厘米，足径10.2厘米（图5-286）。02CFT6②：19，口沿稍残，素胎，器形近同于02CFT3③：38号灯盏。口径8.2厘米，通高11厘米，足径10.5厘米（图5-287）。

另有1件02CFT3②：46，器胎稍厚，竹节形足下半部残缺，施青黄釉。侈口，卷唇，近弧壁，空心足颇粗圆。口径8.2厘米，残高15.3厘米（图5-288、图5-289）。

C型　11件。复式灯盏。为2件器形近同的灯盏上下组合而成的一种型式，内外壁均施釉，盏身近似小钵形。

02CFT1②：7，上为一竹节形实心足灯盏，下为一柱状空心足灯盏，皆施酱褐釉，表面带有少许黑褐釉，釉色显得较斑驳不均匀，口沿皆残。侈口，卷沿，弧壁，足底颇宽厚且外撇。口径8厘米，通高15.4厘米，足径8厘米（图5-290）。02CFT1②：75，上为一竹节形实心足灯盏，盏身近钵形，施青黄釉，口沿残，侈口，近弧壁；下为一柱状空心足灯盏，盏身近小碟形，敞口，近斜直壁，短足宽厚底且外撇。口径6.5厘米，通高15厘米，足径9厘米（图5-291、图5-292）。02CFT3③：84，施青黄釉，口沿残。上为一柱状实心足灯盏，盏身近钵形，侈口，弧壁；下为一柱状空心足灯盏，盏身近小盆形，敞口，卷沿，弧壁，短空心足残缺，显得较粗矮。口径6.5厘米，残高16厘米（图5-293）。

图5-282　BⅡ式灯盏　02CFT3③:38

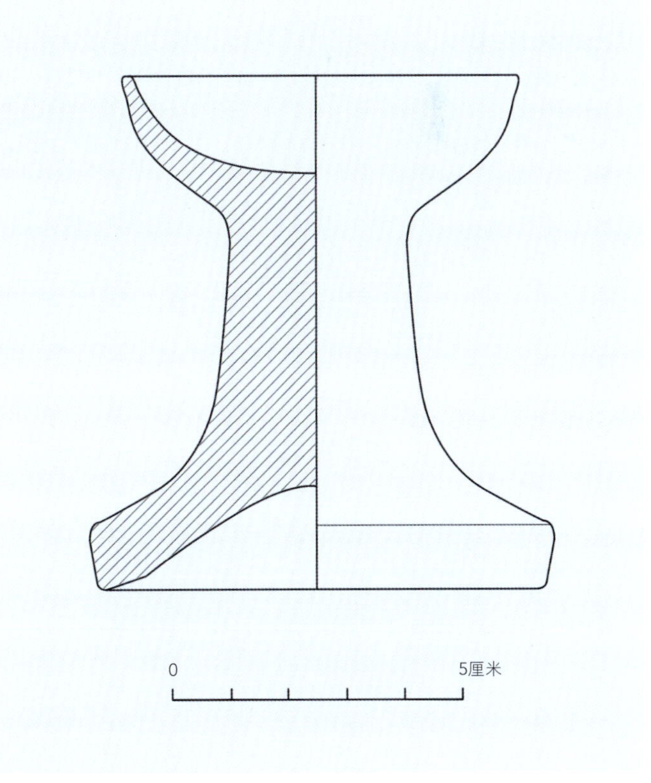

图5-283　BⅡ式灯盏　02CFT3③:38

图5-284　BⅡ式灯盏 02CFT2②：4

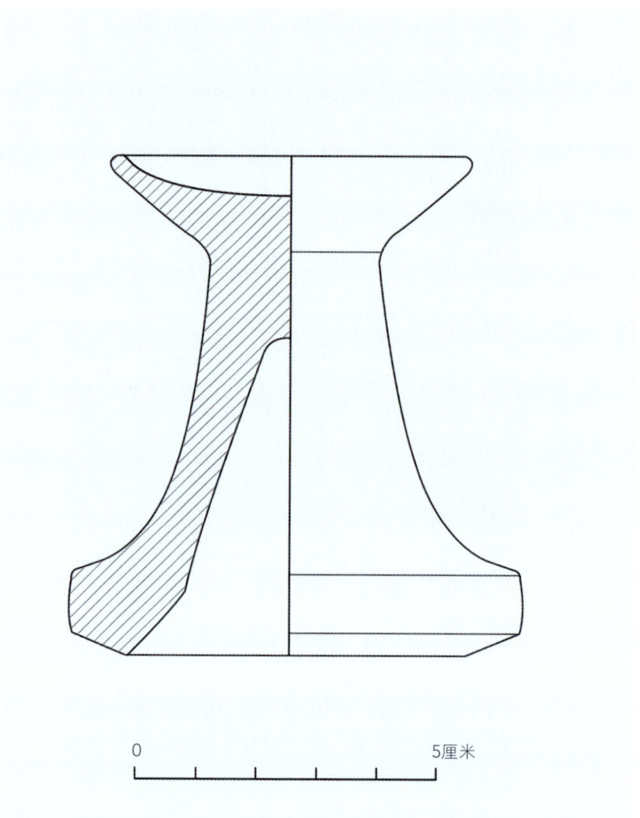

图5-285　BⅡ式灯盏 02CFT2②：4

图5-286　BⅡ式灯盏 02CFT3③：80

图5-287　BⅡ式灯盏 02CFT6②：19

图5-288　BⅡ式灯盏 02CFT3②:46

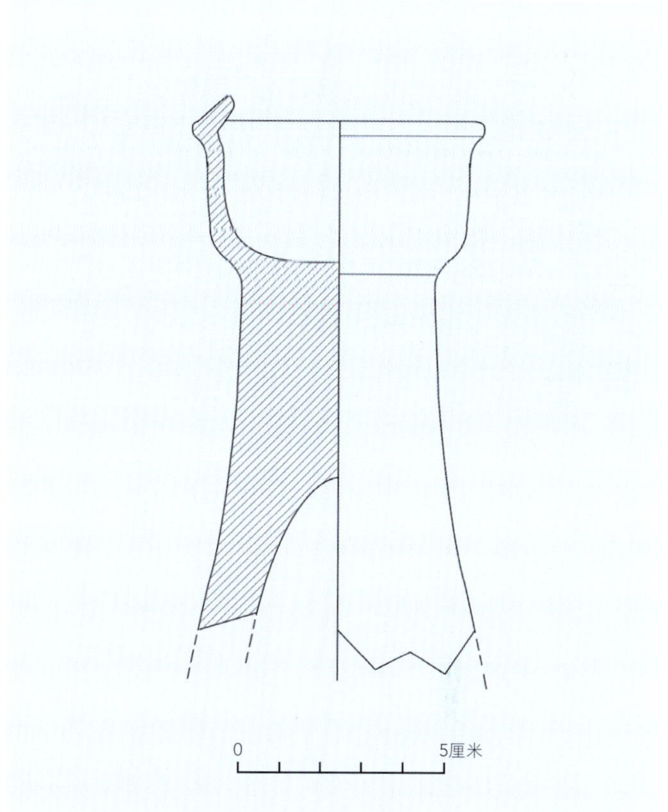

图5-289　BⅡ式灯盏 02CFT3②:46

D型　4件。球柱形足灯盏。

04CFT1②：151，盏身已残缺而器形不明，施酱褐釉及底，表面有黑褐釉斑。柱状实心足近上部相连一小圆球，再往下即为2件相互胶结倒扣在一起的浅盘形器作为盏底。残高15.5厘米，足径11.8厘米（图5-294）。

E型　3件。带纽灯盏。器身大部分已残，原器形不明。

04CFT11②：196，仅残存一器底，所施酱褐釉已脱落，近底呈斜壁，内底较平，在其中部置一竖立长方形鋬耳，耳上穿有一小孔，平底，灯盏底部外壁原附有四个竖桥状耳，现留有二耳。残高7.6厘米，底径11.2厘米（图5-295）。

图5-290　C型灯盏 02CFT1②:7

图5-291　C型灯盏　02CFT1②：75

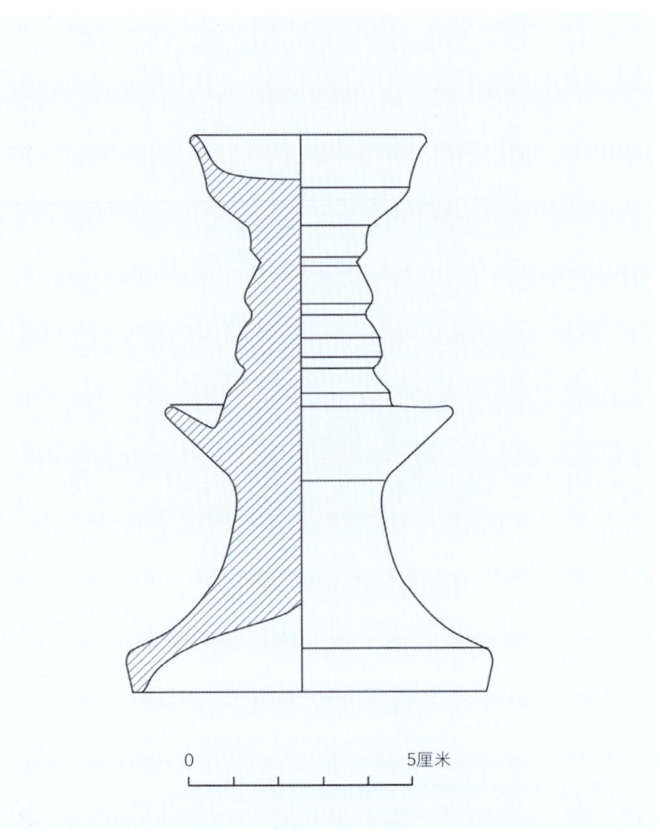

图5-292　C型灯盏　02CFT1②：75

图5-293　C型灯盏　02CFT3③：84

图5-294　D型灯盏　04CFT1②：151

图5-295　E型灯盏 04CFT11②:196

图5-296　Ⅰ式瓷权 04CFT9①:56

图5-297　Ⅰ式瓷权 04CFT9①:56

14. 瓷权

10件。其中青釉2件，青黄釉6件，酱褐釉2件。通身施釉未及底，平面近呈圆形，顶近平，腹部较鼓，平底稍内凹，上部带一铤形纽，在其中间横穿一小圆孔，作为系绳之用。可分二式。

Ⅰ式：6件。器身圆鼓，最大径较居中。04CFT9①：56，铤纽略残，器体稍小，施酱褐釉，带有少许黑褐釉斑，肩较斜溜。腹径8厘米，高6.4厘米，底径4.6厘米（图

5-296、图5-297）。04CFT9①：54，铤纽稍残，器体较大，施酱褐釉，有少许黑褐釉斑，鼓腹。腹径10厘米，高7.5厘米，底径7.2厘米（图5-298、图5-299）。

Ⅱ式：4件。器身扁鼓。中腹鼓，最大径居中。02CF采：2，完整，施青黄釉，釉面布满小开片，中腹鼓，最大径居中。高5.8厘米，底径7.2厘米（图5-300、图5-301）。04CFT11②：122，完整，施青釉，器体较小，器身粘满沙土粒，中腹鼓，最大径居中。铤纽长5.5厘米，高5厘米，底径5.5厘米（图5-302）。04CFT9①：5，铤纽残半，施青釉，器形颇小。肩较平，最大径位于肩腹相接处，腹近斜直。高4.2厘米，底径5.4厘米（图5-303）。

图5-298 Ⅰ式瓷权 04CFT9①：54

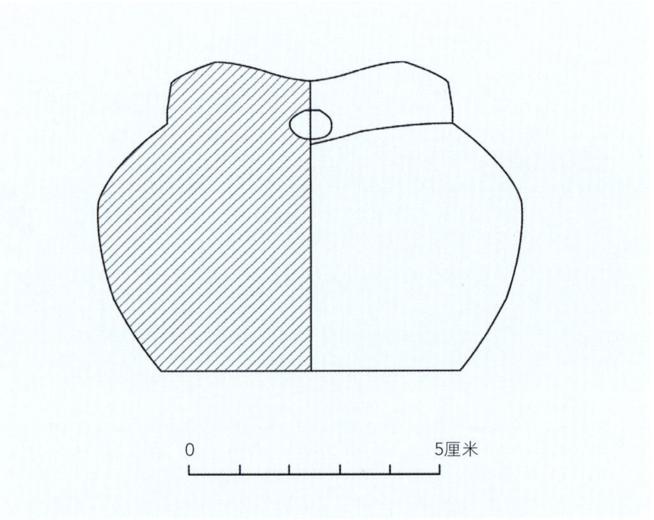

图5-299 Ⅰ式瓷权 04CFT9①：54

图5-300 Ⅱ式瓷权 02CF采：2

图5-301 Ⅱ式瓷权 02CF采：2

15. 香炉

217件。其中，青花1件，青釉3件，青黄釉163件，酱褐釉50件。可分折腹、鼓腹、方腹三型，其中以折腹香炉居多，鼓腹较少，方腹仅3件。

A型　181件。折腹。外壁施釉，其中以施青黄釉为多，三足，其中多数内壁与足皆未施釉。可分四式。

Ⅰ式：3件。无耳。束颈，下腹折收。02CFT2②：13，口沿残，施青黄釉，内壁无釉。近平唇，直口，短竖折沿。口径13.5厘米，高8.5厘米（图5-304、图5-305）。02CFT2②：14，口沿残，器身有裂纹，施青釉，口沿内壁施釉。圆唇，口稍侈，近折沿，器身有四道弦纹。口径11.5厘米，高7.5厘米（图5-306）。02CFT3③：1，口沿稍残，器身略变形，施青釉，内壁无釉。平唇，直口，口沿稍外折，其下有弦纹。口径

图5-302　Ⅱ式瓷权　04CFT11②：122

图5-303　Ⅱ式瓷权　04CFT9①：5

图5-304　AⅠ式香炉　02CFT2②：13

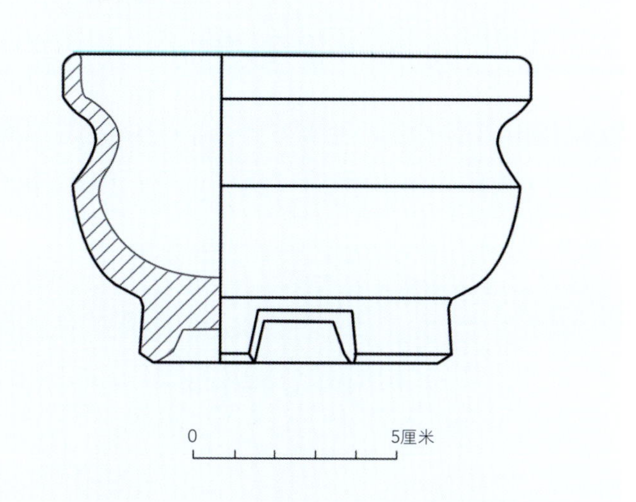

图5-305　AⅠ式香炉　02CFT2②：13

14厘米，高9厘米（图5-307）。

Ⅱ式：152件。錾耳。香炉中以饰錾耳的最多，其中多数口沿或錾耳皆残缺，短折沿，束颈，下腹折收。02CFT7③：18，口沿残，施酱褐釉，内壁上部亦施釉。圆唇，直口，折沿，竖状錾耳向上外伸。口径12.5厘米，通高9.8厘米（图5-308、图5-309）。02CFT2②：17，一短錾耳残，施青黄釉，口沿内壁也有釉。平唇，直口，炉内胶结有1件陶垫具。口径11.7厘米，通高10.4厘米（图5-310）。02CFT1②：7，外壁施青釉，内壁施酱褐釉。直口，平唇，短錾耳，其中一耳已残，炉内现遗有1件陶垫具。口径11.7厘米，通高10.4厘米（图5-311）。02CFT3③：37，近残半，胎壁稍厚，施酱褐釉，内壁无釉。平唇，口微敛，残存一錾耳且外伸。口径13.1厘米，通高10.5厘米（图5-312、图5-313）。02CFT3③：20，施酱釉，器身稍矮，口沿、双耳及一足皆

图5-306　AⅠ式香炉 02CFT2②：14

图5-307　AⅠ式香炉 02CFT3③：1

图5-308　AⅡ式香炉 02CFT7③：18

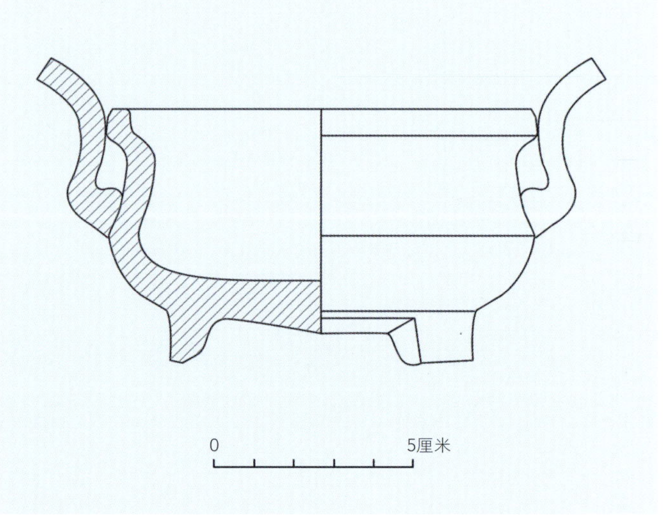

图5-309　AⅡ式香炉 02CFT7③：18

残缺。直口，平唇。口径14.4厘米，残高8.8厘米（图5-314）。

Ⅲ式：25件。器形近同于AⅠ式香炉，其中多数已残，唯炉身皆饰有花纹图案及文字。02CFT3②：40，双鋬耳已残，炉身有裂纹，施青黄釉，内壁无釉。直口，口沿边饰有对称的小饼状纽，器身上下各错开贴塑几个圆形兽头像。口径13.1厘米，残高9.3厘米（图5-315、图5-316）。02CFT3③：24，炉身近残半，施青黄釉，内壁无釉。直口，平唇，口沿边饰有对称的小饼状纽，在器身上部方框内贴饰“福”“寿”等吉祥文字图案，下腹部贴饰几个似龙纹塑像，现仅存一鋬耳。口径12厘米，通高11厘米（图5-317）。04CFT11③：73，口与双耳皆残，施酱褐釉，口沿内壁也施釉。直口，口沿边饰有对称的小饼状纽，在器身上部圆框内贴饰“福”“寿”等吉祥文字图案，下腹部贴饰兽头像。口径13.6厘米，残高10.2厘米（图5-318）。

图5-310　AⅡ式香炉　02CFT2②：17

图5-311　AⅡ式香炉　02CFT1②：7

图5-312　AⅡ式香炉　02CFT3③：37

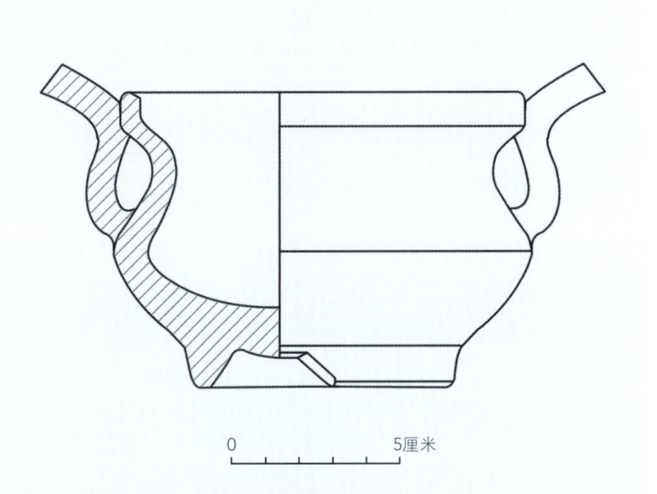

图5-313　AⅡ式香炉　02CFT3③：37

Ⅳ式：1件。提梁方耳。02CFT3③：21，口沿稍残，施酱褐釉，釉色斑驳，内壁口沿处亦施釉。圆唇，直口，口沿边两侧各立有一穿孔方形小提梁耳。口径13.4厘米，通高10厘米（图5-319）。

B型　33件。鼓腹。外壁施釉，其中以施青釉较多，多数内壁与足部均未施釉。饰三足较多，圈足甚少。可分五式。

Ⅰ式：3件。无耳。02CFT2②：21，器身残大部，胎壁较厚，内外壁均施酱褐釉，釉色不正。圆唇，敞口，近折沿，束颈，圆鼓腹，内底近平，底部饰三矮兽足。口径13.8厘米，高11.2厘米（图5-320、图5-321）。02CFT7②：2、3、4为三件器形相同的香炉叠压胶结在一起，其中顶上一件口沿已残，外壁皆施青黄釉。圆唇，敞口，

图5-314　AⅡ式香炉 02CFT3③:20

图5-315　AⅢ式香炉 02CFT3②:40

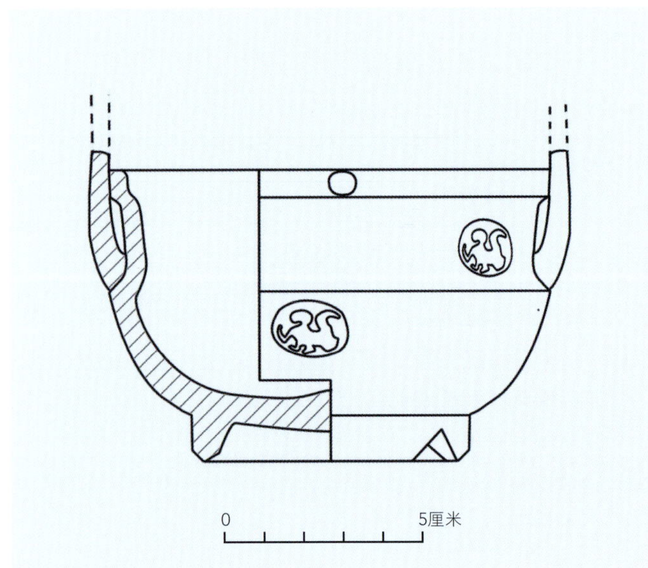

图5-316　AⅢ式香炉 02CFT3②:40

图5-317　AⅢ式香炉 02CFT3③:24

折沿，颈略束，腹稍鼓，内底较平，圈足，腹部两侧贴饰圆形兽头像。口径14厘米，高8.5厘米，足径8.8厘米（图5-322）。02CFT5②：10，香炉上半身已残，施青黄釉。鼓腹，内底近平，下饰三矮兽足，肩与腹部相接处饰小饼状纽。口径13.8厘米，残高11.2厘米（图5-323）。

Ⅱ式：19件。饰錾耳。02CFT7①：5，外壁及三足皆施青黄釉，口沿内壁亦施釉，一对錾耳已残。圆唇，敞口，沿边外折直立，束颈，鼓腹，内底较平，下饰三矮兽足。口沿边外各贴饰对称的焦叶纹，颈部两侧各贴饰三个小佛像，在腹部两侧又各贴饰二个圆形菊瓣纹。口径14厘米，残高13.7厘米（图5-324、图5-325）。04CFT11②：65，器形大半身外壁施青黄釉，另小半身未施釉露胎，一对方錾耳已

图5-318　AⅢ式香炉 04CFT11③:73

图5-319　AⅣ式香炉 02CFT3③:21

图5-320　BⅠ式香炉 02CFT2②:21

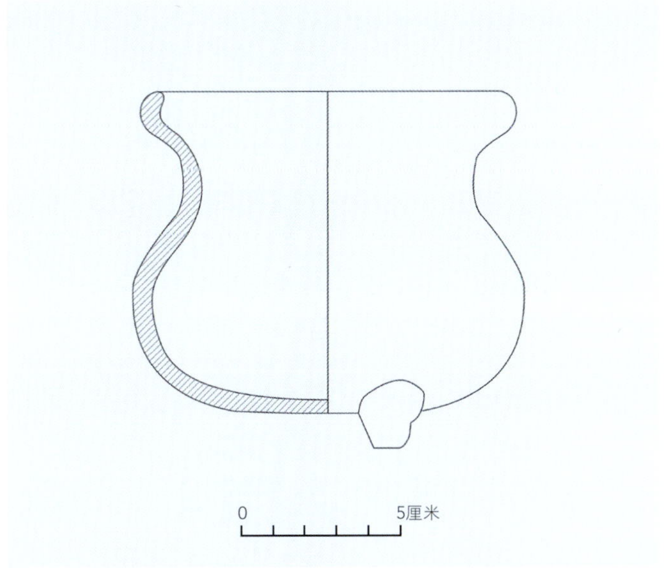

图5-321　BⅠ式香炉 02CFT2②:21

残。圆唇，直口，口沿外折直立，束颈，鼓腹，内底近平，三足为原一圈足挖出而成。沿边外贴饰对称的圆形莲瓣纹，腹部两侧各贴饰“福”“寿”字和人像等三个圆形图案。口径11厘米，残高11.4厘米（图5-326）。

Ⅲ式：8件。龙纹香炉。器形一般较大，皆残。04CFT11②：62，器身上部近残半，缺一器耳，外壁施酱褐釉及足，带有一些黑褐釉色，且显得较斑驳。圆唇，敞口，器身颈部颇为粗圆且较高，往下折收接鼓腹，内底近平，三足应为原一圈足挖出而成，且略外撇。炉身颈部外壁贴饰“福”“寿”字和莲瓣纹图案，腹部贴饰龙纹

图5-322　BⅠ式香炉 02CFT7②：2、3、4

图5-323　BⅠ式香炉 02CFT5②：10

图5-324　BⅡ式香炉 02CFT7①：5

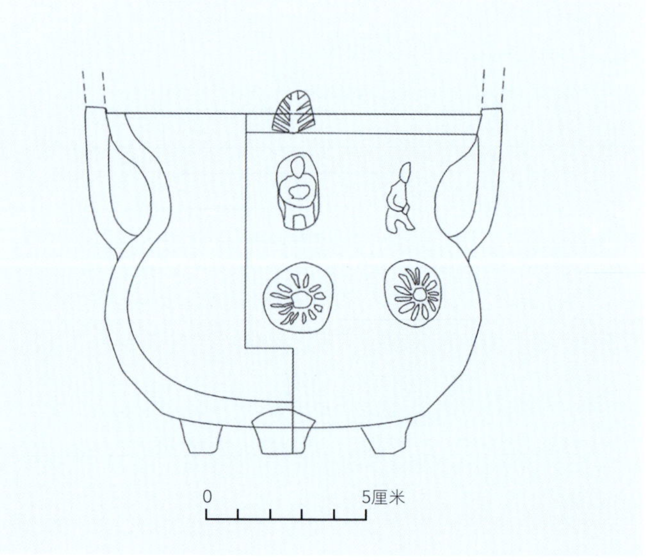

图5-325　BⅡ式香炉 02CFT7①：5

浮雕，龙身浮雕还往上缠绕至大鋬耳。口径12.4厘米，残高14.7厘米（图5-327）。02CFT3③：27，器形较大，器身残大半，施青釉及足，青花纹饰。圆唇，敞口，器身颈部内束，往下斜折接弧腹，原有的三足现仅残存一足。香炉上半身颈部外壁贴饰“福”“寿”字和卷云纹，下半身腹部贴饰双龙戏珠纹和卷云纹图案。口径16厘米，残高13.5厘米（图5-328）。02CFT1②：15，器形颇大，器身残大半，施酱褐釉不及足。圆唇，敞口，折沿稍宽，束颈，鼓腹，宽大鋬耳上翘，原三足现仅残存一足。口沿外壁贴有圆饰图案，颈部原贴饰的龙纹图案现残留很少。残高24.6厘米（图5-329）。

图5-326　BⅡ式香炉 04CFT11②：65

图5-327　BⅢ式香炉 04CFT11②：62

图5-328　BⅢ式香炉 02CFT3③：27

图5-329　BⅢ式香炉 02CFT1②：15

图5-330 BⅣ式香炉 02CFT3③:28

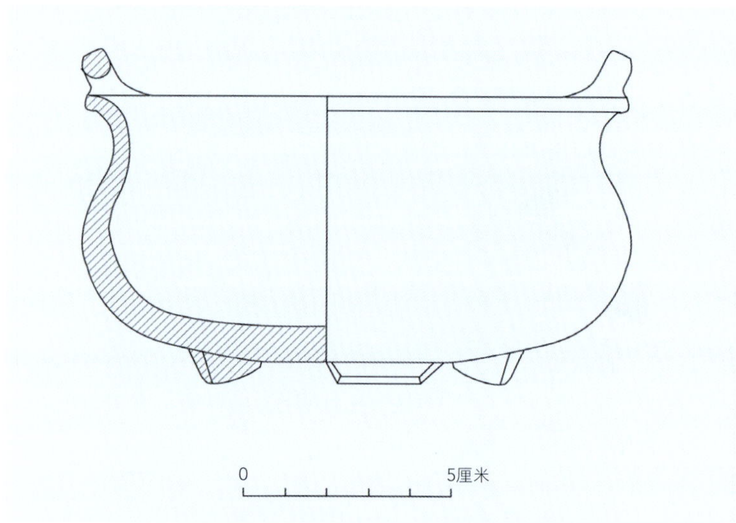

图5-331 BⅣ式香炉 02CFT3③:28

图5-332 BⅤ式香炉 04CFT11②:10

Ⅳ式：2件。饰小桥状耳。02CFT3③：28，口沿残小半，施青黄釉未及足，内壁无釉。圆唇，侈口，近卷沿，短颈略束，鼓腹，三足。口沿上原有一对小桥状耳，现存一个，腹部有纹饰图案和乳钉纽。口径13.8厘米，通高9.6厘米（图5-330、图5-331）。

Ⅴ式：1件。饰兽形足。04CFT11②：10，器身已残大半，口沿与双耳也残缺，施酱褐釉及足，内壁无釉。鼓腹，原有三粗兽足，现仅残存一足。残高14厘米（图5-332）。

C型 3件。近方腹。均残，带四足。

02CFT3③：29，口沿、足与一耳皆有残缺，外壁施青釉及足，内壁无釉，青花纹饰。方唇，直口，宽口沿外折，平面呈长方形，颈部平直，往下外扩至近弧腹，内底近平。原四兽足中现仅存二足，上身两侧带有一对大鋬耳，且向上外伸。颈部两侧外壁各贴饰“福”“寿”二字，腹部两侧各贴饰青花双龙戏珠图案。长12.6厘米，宽10.8厘米，通高18.8厘米（图5-333～图5-335）。02CFT3③：41，口沿略残，双耳残缺，施青釉未及足底，内壁无釉。器形近同于上一件，饰四粗兽足。器身颈部各贴饰“福”“寿”二字，腹部贴饰青花双龙戏珠图案。长12.6厘米，宽9.2厘米，残高15.8厘米（图5-336、图5-337）。04CFT9①：8，炉身已残缺无有，仅存部分器底，施青釉，釉面布满小开片。两侧刻有花纹图案，还残有青花纹。底长10厘米，宽7.9厘米（图5-338）。

图5-333　C型香炉　02CFT3③：29

图5-334　C型香炉　02CFT3③：29

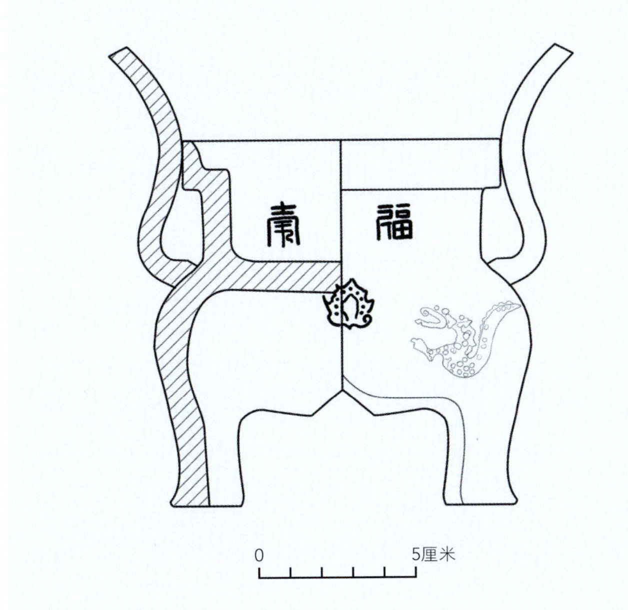

图5-335　C型香炉　02CFT3③：29

图5-336　C型香炉　02CFT3③：41

图5-337　C型香炉　02CFT3③：41

图5-338　C型香炉　04CFT9①：8

16. 烟斗

218件。其中，青釉17件，青黄釉135件，酱褐釉36件，素胎30件，以青黄釉为多。分为带柄和无柄二式，除3件带柄的外，余者皆为无柄烟斗。

Ⅰ式：215件。无柄。器形较小，近似不规则圆斗形，圆唇边，外壁稍鼓，上置一漏斗状小孔，且与侧边一小圆孔相通，平底。02CFT6③：128～130，器身有裂纹，施青釉，斗高2.7厘米，斗孔内径1.3厘米，底径1.6厘米（图5-339）。02CFT3③：508～510，施青黄釉，斗高2.5厘米，斗孔内径1.6厘米，底径1.8厘米（图5-340）。

图5-339 Ⅰ式烟斗 02CFT6③：128～130

图5-340 Ⅰ式烟斗 02CFT3③：508～510

04CFT11③：179～181，施酱褐釉，斗高2.6厘米，斗孔内径1.5厘米，底径1.8厘米（图5-341）。02CFT3③：512～514，素胎，斗高2.8厘米，斗孔内径1.7厘米，底径2.2厘米（图5-342）。

Ⅱ式：3件。带柄。素胎，器身近似短弯筒斗形，圆唇边，上置一漏斗状小孔，侧边带一柄且有一小直孔，两孔相通，平底。02CFT3②：515，柄已残，外壁饰瓜棱纹，斗高1.9厘米，斗孔内径2.2厘米，通长3.3厘米（图5-343）。02CFT2②：29，柄较短，外壁饰粗条纹，斗高1.8厘米，斗孔内径1.7厘米，通长2.9厘米（图5-344）。

图5-341　Ⅰ式烟斗 04CFT11③：179～181

图5-342　Ⅰ式烟斗 02CFT3③：512～514

17. 器盖

571件。其中，青花7件，青釉80件，青黄釉166件，酱褐釉137件，黑褐釉2件，素胎179件，分四型。另有器盖坯料19件。

A型　333件。带纽。器形有的或大或小，盖面一般稍矮。可分为九式。

Ⅰ式：255件。短柱纽。多为子口，母口甚少，盖塞一般较短，盖内与塞一般无釉。02CFT6③：33，子口，盖面微弧，且与短柱纽同施青黄釉，下接未施釉的浅弧状宽盖沿。盖径9.8厘米，通高4厘米（图5-345）。02CFT3③：131，子口，盖面施青黄釉且近平，下接稍宽平盖沿。盖径8.5厘米，通高3.6厘米（图5-346）。02CFT3③：115，子口，盖面施青釉，近弧且稍分二层，下接一盖沿。盖径8厘米，通高4厘米

图5-343　Ⅱ式烟斗　02CFT3②：515

图5-344　Ⅱ式烟斗　02CFT2②：29

图5-345　AⅠ式器盖　02CFT6③：33

图5-346　AⅠ式器盖　02CFT3③：131

（图5-347、图5-348）。02CFT2②：65，子口，纽与盖里施青釉，纽稍高，盖面略弧，下接较宽平盖沿，盖边沿与塞施酱褐釉。盖径7厘米，通高4.5厘米（图5-349）。02CFT5②：34，器形较小，子口，纽与盖面施青釉，盖面斜弧且较高，近似一盔帽形，下接稍短盖沿，盖沿与塞施酱褐釉。盖径4.8厘米，通高4.5厘米（图5-350）。02CFT11②：173，子口，器形颇小，施酱褐釉，短柱纽，盖沿与倒锥台状塞相连。盖径3.3厘米，通高2.3厘米（图5-351、图5-352）。02CFT4②：43，素胎未施釉，柱状纽颇短。子口，盖面较平，下接一宽盖沿，盖塞甚短。盖径8.5厘米，通高2.8厘米（图5-353、图5-354）。02CFT6②：25，器形较小，施青黄釉，短柱状纽，盖面近平，盖沿边稍高且内凹呈母口。盖径4.4厘米，通高2.8厘米（图5-355、图5-356）。02CFT11②：128，器形颇小，素胎未施釉，柱状纽略高，盖面稍弧且稍分二层。盖径

图5-347　AⅠ式器盖 02CFT3③：115

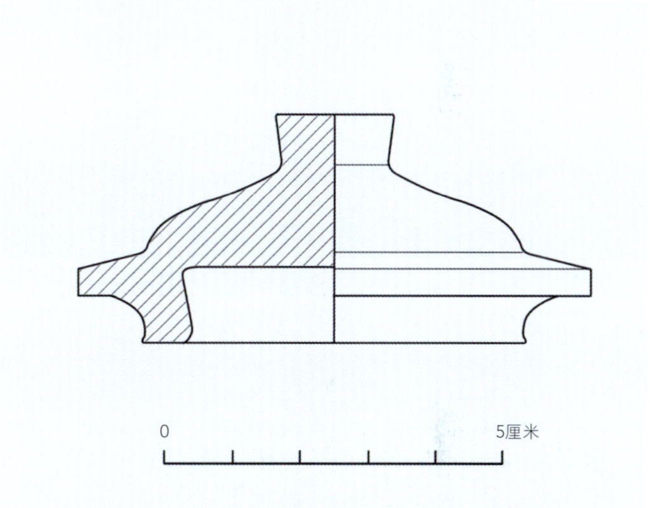

图5-348　AⅠ式器盖 02CFT3③：115

图5-349　AⅠ式器盖 02CFT2②：65

图5-350　AⅠ式器盖 02CFT5②：34

图5-351 AⅠ式器盖 02CFT11②:173

图5-352 AⅠ式器盖 02CFT11②:173

图5-353 AⅠ式器盖 02CFT4②:43

图5-354 AⅠ式器盖 02CFT4②:43

图5-355 AⅠ式器盖 02CFT6②:25

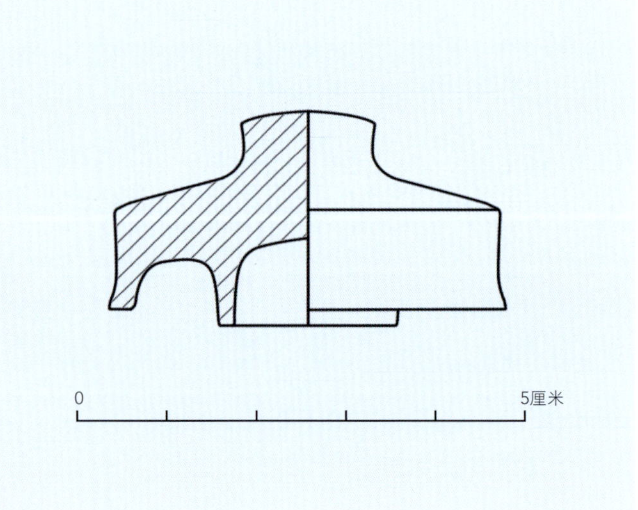

图5-356 AⅠ式器盖 02CFT6②:25

3.7厘米，通高3厘米（图5-357、图5-358）。

Ⅱ式：29件。乳钉纽。子口较多，母口很少，盖内与盖塞一般无釉。02CFT3③：133，子口，灰胎，施青釉，盖面稍斜，下接稍一窄盖沿。盖径8.8厘米，通高4.5厘米（图5-359、图5-360）。02CFT3②：54，盖面与盖塞均施青釉，釉面布满冰裂纹，乳钉纽顶平，盖面稍斜且分为二层，下接窄盖沿且内凹呈母口，其内又与较长柱状塞相连。盖径4.9厘米，通高5.4厘米（图5-361、图5-362）。02CFT2⑦：68，子口，乳钉纽与盖面、盖塞施酱褐釉，盖面斜弧，下接盖沿，盖塞较短。盖径7厘米，通高3.8厘米（图5-363）。02CFT6③：43，子口，盖身通体施酱褐釉，弧盖面隆起，下接厚窄盖沿，盖塞稍短。盖径7.2厘米，通高4.5厘米（图5-364）。

图5-357　AⅠ式器盖 02CFT11②：128

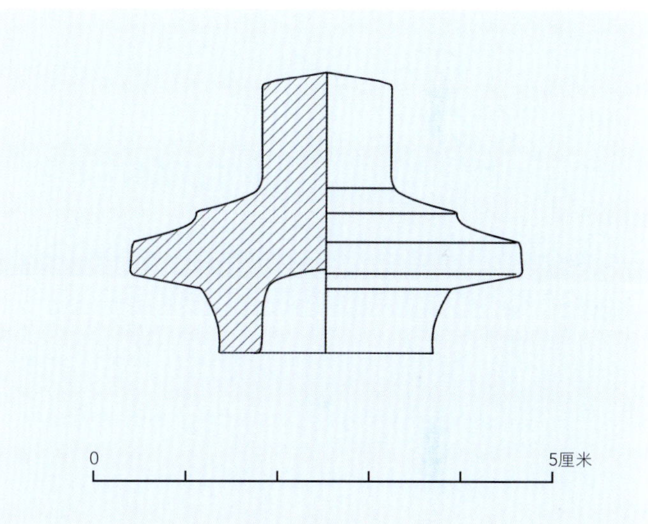

图5-358　AⅠ式器盖 02CFT11②：128

图5-359　AⅡ式器盖 02CFT3③：133

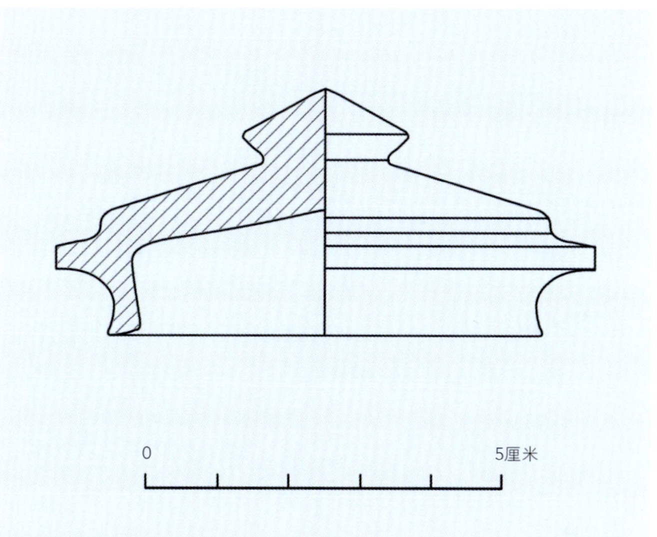

图5-360　AⅡ式器盖 02CFT3③：133

图5-361　AⅡ式器盖 02CFT3②:54

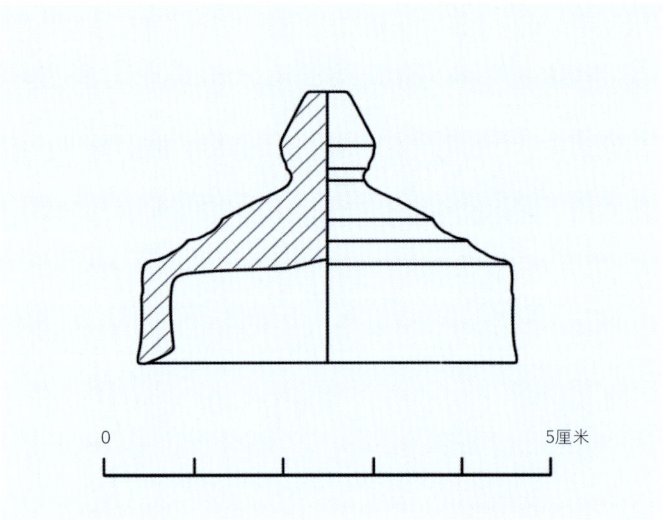

图5-362　AⅡ式器盖 02CFT3②:54

图5-363　AⅡ式器盖 02CFT2②:68

图5-364　AⅡ式器盖 02CFT6③:43

Ⅲ式：10件。纽扣式纽。皆为子口，盖内与盖塞无釉。04CFT8③：191，素胎未施釉，宽盖面较浅弧，下接窄平盖沿，盖塞稍大。盖径9.5厘米，通高3.6厘米（图5-365、图5-366）。02CFT6③：48，器形稍小，施青釉，盖面稍弧隆起，下接短平盖沿。盖径6.8厘米，通高3.4厘米（图5-367、图5-368）。02CFT6③：49，施青釉，弧盖面且隆起，下接短平盖沿，盖塞略高。盖径6.4厘米，通高4厘米（图5-369）。

Ⅳ式：8件。高盖面。短柱状纽，全为子口，素胎，仅盖边沿施酱褐釉。02CFT3③：121，盖面颇高且斜隆起，下接一平盖沿，盖塞颇短。盖径7.3厘米，通高5.7厘米（图5-370、图5-371）。02CFT3③：116，盖面较高且弧隆起，下接一短平盖沿，盖塞短稍残。盖径7.9厘米，通高5.4厘米（图5-372）。

图5-365　AⅢ式器盖 04CFT8③：191

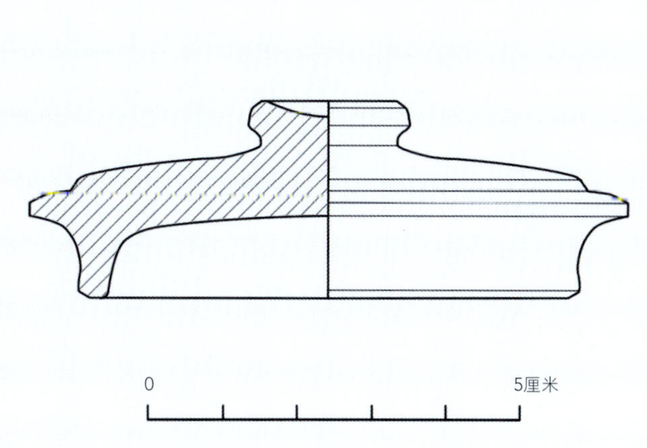

图5-366　AⅢ式器盖 04CFT8③：191

图5-367　AⅢ式器盖 02CFT6③：48

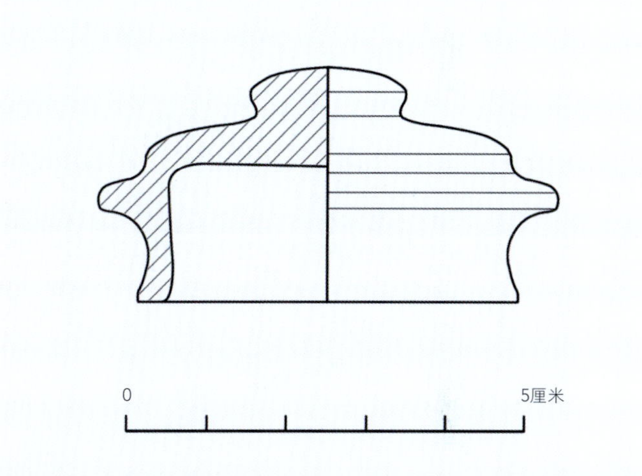

图5-368　AⅢ式器盖 02CFT6③：48

图5-369　AⅢ式器盖 02CFT6③：49

Ⅴ式：4件。圈足纽。其中1件为母口，余为子口。04CFT6③：46，器形较大，纽与盖面施青釉，盖沿边施酱褐釉。弧盖面隆起，短平盖沿，盖塞较短，盖面施青花纹饰。盖径12厘米，通高4.6厘米（图5-373～图5-375）。04CFT5②：21，器形较大，纽与盖面上半部分施青黄釉，盖面斜弧，盖沿稍宽平，盖塞颇短。盖径13.5厘米，通高5.1厘米（图5-376）。04CFT11③：116，素胎，圈足纽较大，盖面稍斜直，下接一短盖沿，盖塞颇短。盖径13厘米，通高5.2厘米（图5-377、图5-378）。02CFT2①：3，母口，纽与盖口沿皆残，施青黄釉，矮圈足纽，盖面近斜平，沿四周下折呈宽沿边。残高11厘米（图5-379）。

图5-370　AⅣ式器盖　02CFT3③：121

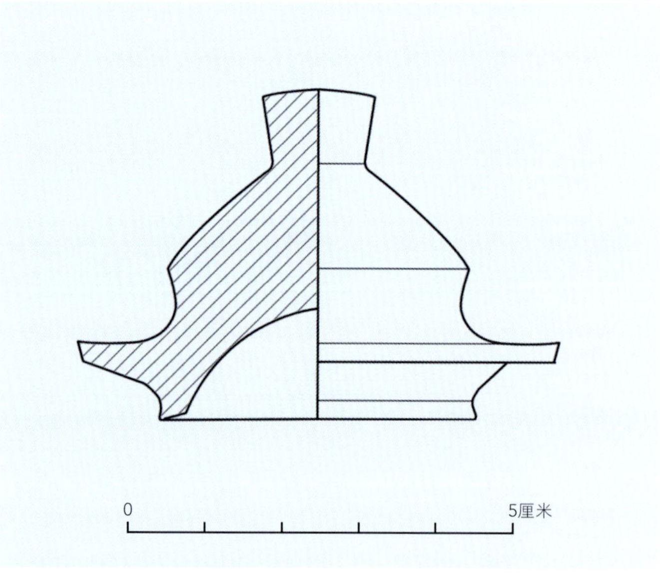

图5-371　AⅣ式器盖　02CFT3③：121

图5-372　AⅣ式器盖　02CFT3③：116

图5-373　AⅤ式器盖　04CFT6③：46

图5-374　AⅤ式器盖 04CFT6③:46

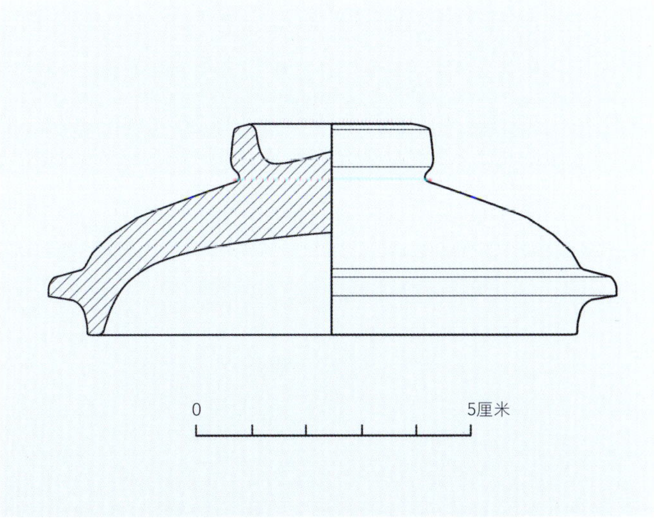

0　5厘米

图5-375　AⅤ式器盖 04CFT6③:46

图5-376　AⅤ式器盖 04CFT5②:21

图5-377　AⅤ式器盖 04CFT11③:116

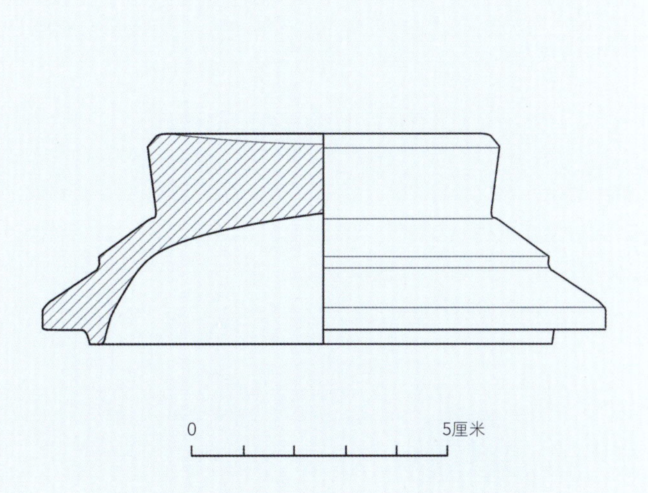

图5-378　AⅤ式器盖 04CFT11③:116

图5-379 AⅤ式器盖 02CFT2①：3

图5-380 AⅥ式器盖 02CFT5②：20

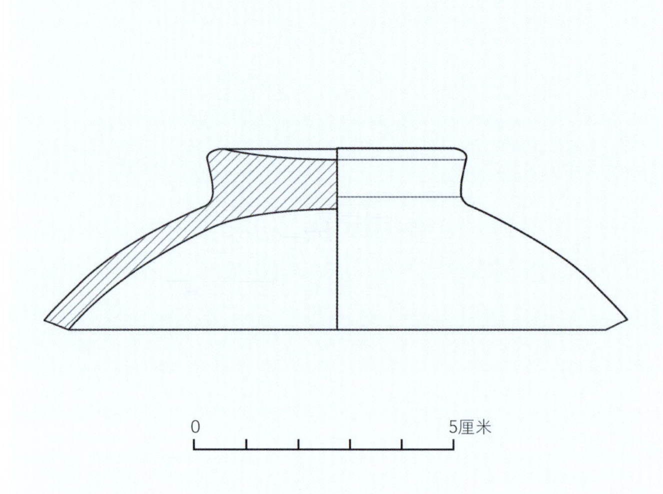

图5-381 AⅥ式器盖 02CFT5②：20

图5-382 AⅥ式器盖 02CFT6③：120

Ⅵ式：4件。饼形纽。02CFT5②：20，器形较小，近残半，饼形纽与盖面施黑褐釉。母口，盖面斜弧至盖口沿，纽稍大且顶平。盖径5.4厘米，通高4.2厘米（图5-380、图5-381）。02CFT6③：120，器形较大，盖身已变形，纽与盖面施青黄釉。子口，盖面弧起，下接一平盖沿，盖纽中间略凹下，盖塞较短。盖径14.8厘米，通高4厘米（图5-382）。02CFT3③：146，器形颇大，盖面残缺，仅存纽盖，施酱褐釉。母口，饼形纽略厚，盖纽顶无釉且略凹下。残盖径14厘米，残高3厘米（图5-383）。

Ⅶ式：16件。大圈足纽。皆为母口，施釉至短盖沿边，大纽无釉，器形较低矮。02CFT6②：63，施青釉，盖面弧圆。纽径5.6、盖径8.7厘米，通高2.9厘米（图5-384、图5-385）。04CFT11③：115，器形稍大，施青釉，盖面斜弧，往下至短沿边。纽径7.8厘米，盖径13.5厘米，通高3.4厘米（图5-386、图5-387）。02CFT3③：141，器形

图5-383　AⅥ式器盖　02CFT3③：146

图5-384　AⅦ式器盖　02CFT6②：63

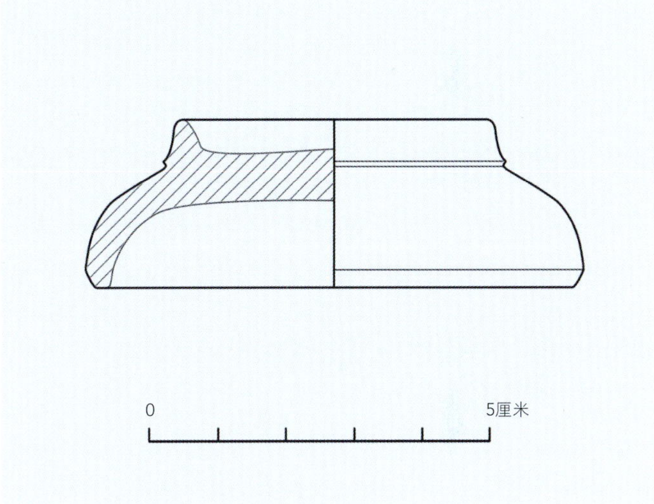

图5-385　AⅦ式器盖　02CFT6②：63

图5-386　AⅦ式器盖　04CFT11③：115

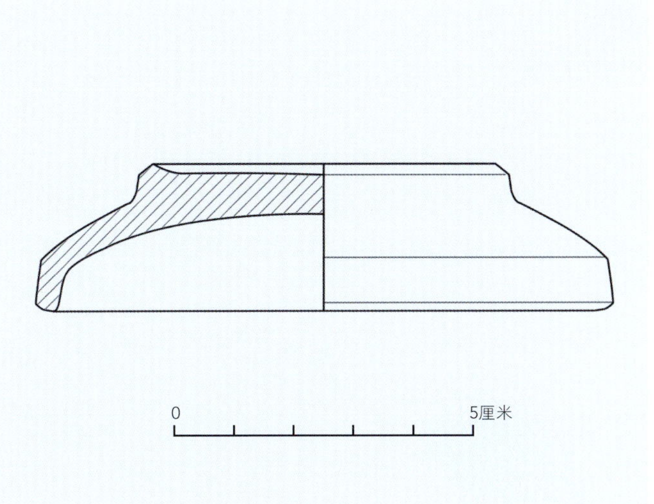

图5-387　AⅦ式器盖　04CFT11③：115

图5-388　AⅦ式器盖 02CFT3③∶141

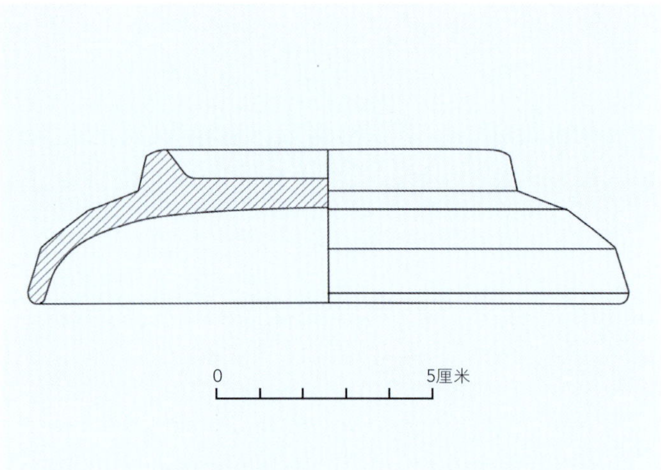

图5-389　AⅦ式器盖 02CFT3③∶141

图5-390　AⅦ式器盖 02CFT2②∶77

图5-391　AⅦ式器盖 02CFT1②∶92

图5-392　AⅧ式器盖 04CFT8②∶104

颇大，纽残，纽与盖面上半部无釉，往下至盖沿施青釉。盖面漫弧，短盖沿边绘青花纹饰。纽径9.6厘米，盖径17厘米，通高4.8厘米（图5-388、389）。02CFT2②：77，施青釉，浅弧盖面，短平盖沿边，其上绘青花纹饰。纽径7厘米，盖径10.6厘米，高3.1厘米（图5-390）。02CFT1②：92，施酱褐釉；近斜弧盖面，短盖沿边。纽径5.6厘米，盖径10厘米，通高2.7厘米（图5-391）。

Ⅷ式：1件。竹节状纽。04CFT8②：104，器形颇大，近残半，施青黄釉。母口，竹节状纽较高，盖面四周隆起呈一圈状，近似一大圈足，下接一宽平厚盖沿。盖径15厘米，通高6.6厘米（图5-392）。

图5-393　AIX式器盖 04CFT9②:142

图5-394　AIX式器盖 04CFT9②:142

图5-395　AIX式器盖 02CFT5②:35

IX式：6件。小桥状纽。04CFT9②：142，器形较低矮，盖面施酱褐釉，釉色显得斑驳，盖塞无釉。子口，盖面中部凹下且较平，沿一周边有宽平盖沿，中间饰一小桥状耳，盖塞甚短。盖径11.5厘米，高2.2厘米（图5-393、图5-394）。02CFT5②：35，残小半，施黑褐釉，盖塞无釉。器形同于前者，子口，盖身甚矮。盖径11.3厘米，高1.8厘米（图5-395）。

B型　21件。大器盖。盖沿边与塞无釉，多为子口。

02CFT7①：11，口沿边残，纽、盖面施青釉。子口，盖面弧隆起，宽沿边近斜平，盖塞较矮，盖顶中部饰一圈足形纽。盖面绘青花草叶纹。盖径19.5厘米，高8厘米（图5-396～图5-398）。04CFT8②：106，盖沿稍残，纽、盖面施青釉。母口，盖面弧隆起，盖沿一周边往上翻折，饰一圈足形纽。盖径19.8厘米，高7.7厘米（图5-399、图5-400）。02CFT2②：83，完整，纽、盖面施青黄釉。子口，盖面较弧隆，沿边稍宽平，矮盖塞，饰一圈足形纽。盖径19.7厘米，高8厘米（图5-401）。04CFT8②：

图5-396　B型器盖　02CFT7①：11

103，器盖略有变形，口沿残缺，纽、盖面施青釉，釉面有细冰裂纹。子口，盖面稍隆起且较平，沿边短平，饰一纽扣式纽，盖塞稍矮，盖面有多道弦纹。盖径16厘米，高4.3厘米（图5-402）。

04CFT8③：192，器盖一周沿边已残，纽、盖面施青釉，釉面有细冰裂纹。母口，盖面略隆起，中部稍凹下，盖顶中间饰一短柱状纽，盖面有多道弦纹。盖径约15.4厘米，残高2.8厘米（图5-403）。

C型　212件。近钵形盖。母口。

02CFT5②：85，内外壁施青黄釉不及盖顶。

图5-397　B型器盖　02CFT7①：11

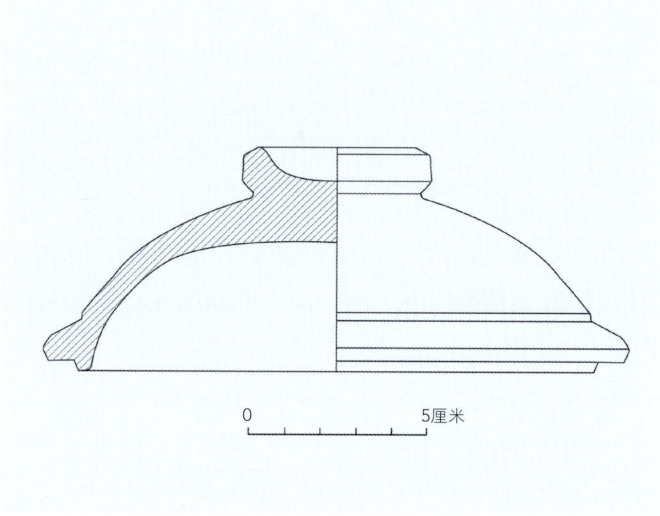

图5-398　B型器盖　02CFT7①：11

图5-399　B型器盖　04CFT8②：106

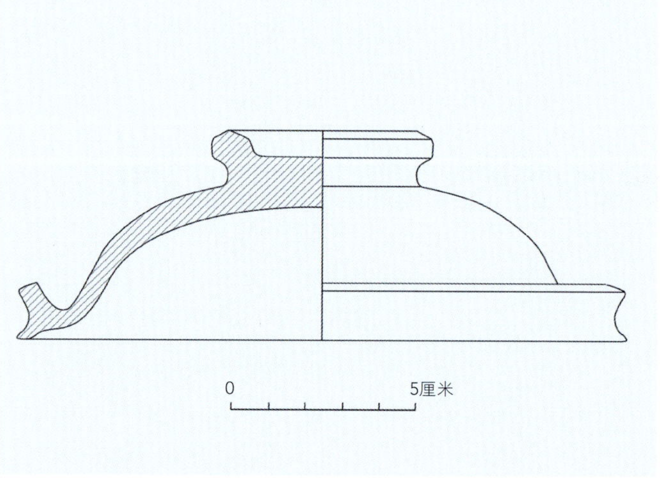

图5-400　B型器盖　04CFT8②：106

圆唇，盖面近斜直，边沿稍厚，盖内壁也斜下，盖顶略内凹下且有弦纹。盖径9.6厘米，高3.2厘米（图5-404）。02CFT5②：91，盖沿边稍残，内壁施酱褐釉。器形同于上一件。盖径10.2厘米，高3.5厘米（图5-405）。

D型　5件。饼形盖。器形甚扁。

02CFT9②：181，盖边沿略残，平面呈圆形，近似饼状，施酱褐釉。盖面中部稍凹下，盖一周边沿略向上隆起。直径6.8厘米，厚1.2厘米（图5-406）。02CFT9②：180，完整，仅盖面中部施酱褐釉。器形同于上一件，似扁圆饼形，盖面近平。直径8.3厘米，厚1.4厘米（图5-407、408）。

另还出土少量器盖坯料，大都是属于壶盖，质地较为粗糙，器形大小不一。其中，有乳顶纽、饼状纽、短柱纽等种（图5-409）。

图5-401　B型器盖　02CFT2②：83

图5-402　B型器盖　04CFT8②：103

图5-403　B型器盖　04CFT8③：192

图5-404　C型器盖　02CFT5②：85

图5-405　C型器盖 02CFT5②：91

图5-406　D型器盖 02CFT9②：181

图5-407　D型器盖 02CFT9②：180

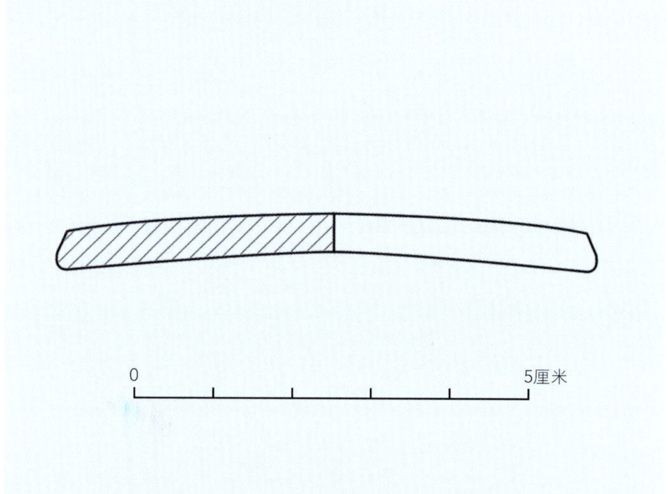

图5-408　D型器盖 02CFT9②：180

图5-409　器盖坯料

18. 轴顶帽

1件。内壁施酱褐釉，外壁无釉，系为陶车的一个关键部件。02CFT3③：442，完整。平沿稍宽，小口，外壁略斜直，内壁斜收，至底心近成一圆锥形凹窝，其凹面有釉，比较光滑。底部墨书一“午”字。口径7.4厘米，高5.1厘米，底径5.1厘米（图5-410～图5-413）。

图5-410　轴顶帽　02CFT3③：442

图5-411　轴顶帽　02CFT3③：442

图5-412　轴顶帽　02CFT3③：442

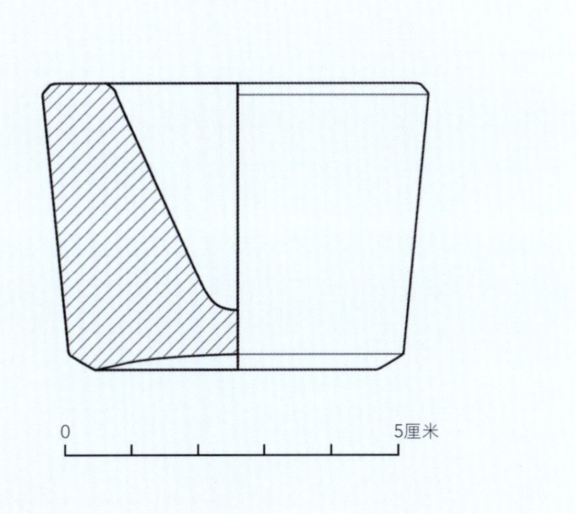

图5-413　轴顶帽　02CFT3③：442

19. 钵状支具

14件。是窑具中的一种支烧具。

02CFT3③：434，完整，器壁甚厚，外壁施青黄釉，内壁无釉。平唇，直口，外壁近直，内壁斜下，内底平整，外壁有两周凸弦纹，圈足颇矮。口径11.5厘米，高6厘米，底径10.4厘米（图5-414、图5-415）。02CFT1②：141，残半，器壁较厚，内外壁皆施青黄釉。器形近同于上一件，外壁有三道较宽的凹槽，器身有一小圆孔，圈足颇矮。口径13.4厘米，高9.4厘米，底径9.4厘米（图5-416、图5-417）。

图5-414 钵状支具 02CFT3③：434

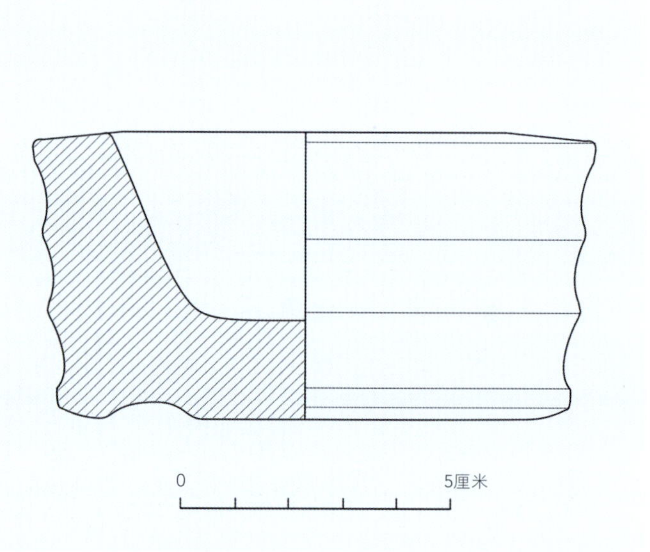

图5-415 钵状支具 02CFT3③：434

图5-416 钵状支具 02CFT1②：141

图5-417 钵状支具 02CFT1②：141

20. 男人头塑像

1件。为一人头塑像残件，下部形象不明。02CFT3②：251，男性，脸略胖，双目凝视，嘴微张，双耳较大，头戴一施黑釉冠帽。残长4.2厘米（图5-418）。

图5-418　男人头塑像 02CFT3②：251

21. 鸭头形流

3件。皆残，皆属壶的一个流，器物上有青花斑纹。02CFT3②：253，近为一鸭头形，带有一小段残脖，鸭嘴微张开即为一流口。残长10.5厘米（图5-419）。02CFT3②：254，仅残存一鸭头，形同于上一件。残长7厘米（图5-420）。

图5-419　鸭头形流 02CFT3②：253

22. 龟

1件。02CFT3②：259，完整，施青釉。形似龟形，龟身近呈方形，其前、背及左右各粘有一小圆球当作头、背和双足，龟底部带有多个小孔。长5.3厘米，通高2.8厘米，宽4.4厘米（图5-421）。

23. 禽鸟腿浮雕

1件。02CFT3②：255，当为器物上的残浮雕饰件，有少许青花斑纹。其形似一禽鸟类的腿部，近呈半浮雕像，足趾已残，腿部布满了小戳点，似所饰的羽毛状纹。残长8厘米（图5-422）。

图5-420　鸭头形流 02CFT3②：254

图5-421　龟 02CFT3②：259

图5-422　禽鸟腿浮雕 02CFT3②：255

二、陶器

在福安窑址发现的陶器中，除出土有近万余件陶垫饼外，共遴选1080件标本，其中也包括少量采集品，它们基本上皆为完整器物。陶器质地都为泥质陶，胎质一般较为纯净，火候很高，陶色比较纯正，质地甚为坚硬。就其陶色来说，主要可分黄褐、红褐、灰褐、酱褐等种，其中以黄褐陶居多，红褐陶和灰褐陶较少之，酱褐陶甚少。

除少许小件器物为手制外，绝大多数陶器都采用轮制加工而成，有的器身上还遗留轮制后的同心圆旋纹痕迹。按其用途不同，陶器一般可分窑具和生活用具两类，窑具器形主要有垫具、垫托、垫饼、匣钵盖、齿边垫饼、火照等，生活用具仅有少量的带孔器、带流缸、四足器等，另有甚少的砚台和象棋子（见表3）。在陶窑具中，除垫饼之外，以垫具数量居多，匣钵盖次之，其余的垫托、齿边垫饼、火照等则甚少。陶器大都为素面无纹饰，仅有个别垫饼上刻有文字或几何纹饰。

表3　福安窑址陶器器形统计表

总数	1080								
器形	垫具	垫饼	匣钵盖	垫托	带孔器	火照	齿边垫饼	象棋子	其他
数量	552	323	142	23	7	10	7	8	8
百分比	0.512	0.300	0.132	0.021	0.006	0.009	0.006	0.007	0.007

注：表中的“其他”是指四足器、瓶形器、砚台、兽头流等。

1. 垫具

552件。完整。都为泥质陶，陶色有黄褐、灰褐、红褐和酱褐等种，其中以黄褐、灰褐二种为多，红褐、酱褐较少，另有2件青釉。可分为罐形、圆筒形、钵形、器盖形四型，其中以罐形垫具居多，圆筒形、钵形垫具次之。这是窑址在采用装烧技术烧造瓷器坯件时较主要使用的一种陶窑具。

A型　320件。近呈罐形。分为五式。

Ⅰ式：92件。鼓腹，最大径偏下。02CFT3③：461，泥质红褐陶，平唇，直口，口沿微内束，平底稍内凹，器身有三周凹弦纹。口径8.5厘米，高5厘米，底径4.8厘米（图5-423、图5-424）。02CFT3③：467，泥质红褐陶，近圆唇，直口，上半身微内束，下腹鼓，平底稍大。口径6.5厘米，高4.3厘米，底径5.5厘米（图5-425、图

图5-423　AⅠ式垫具 02CFT3③：461

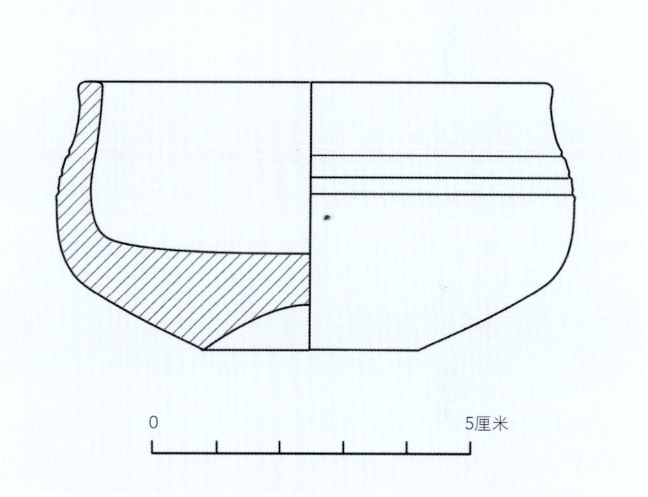

图5-424　AⅠ式垫具 02CFT3③：461

图5-425　AⅠ式垫具 02CFT3③：467

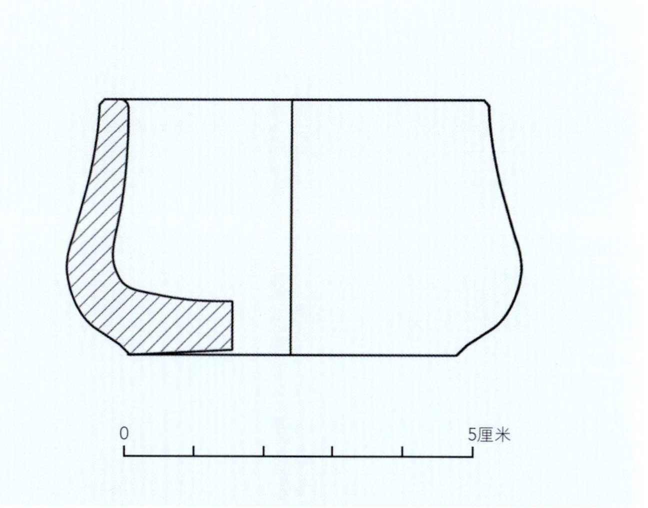

图5-426　AⅠ式垫具 02CFT3③：467

5-426）。02CFT3③：462，泥质黄褐陶，平唇，直口，器壁近斜直，下腹稍鼓，平底略内凹。口径8厘米，高6.3厘米，底径4.2厘米（图5-427、图5-428）。

Ⅱ式：187件。折腹，最大径偏下。02CFT3③：479，泥质灰褐陶，平唇，直口，近亚腰，下腹折，平底。口径6.5厘米，高4.5厘米，底径5厘米（图5-429、图5-430）。02CFT7③：100，泥质红褐陶，器形稍大，口沿残，平唇，直口，腹壁微鼓，往下折收，最大径偏下，平底稍大。口径10.4厘米，高4.8厘米，底径6厘米（图5-431）。02CFT6③：11，泥质黄褐陶，平唇，直口，近直壁，下腹壁折收且起棱角，最大径偏下，平底。口径8厘米，高5厘米，底径4.8厘米（图5-432、图5-433）。02CFT8②：34，泥质灰褐陶，器形稍扁，平唇，直口，壁微弧，下腹壁折收且起棱角，最大径偏下，平底。口径7.8厘米，高3.7厘米，底径5.2厘米（图5-434、图5-435）。

图5-427　AⅠ式垫具 02CFT3③：462

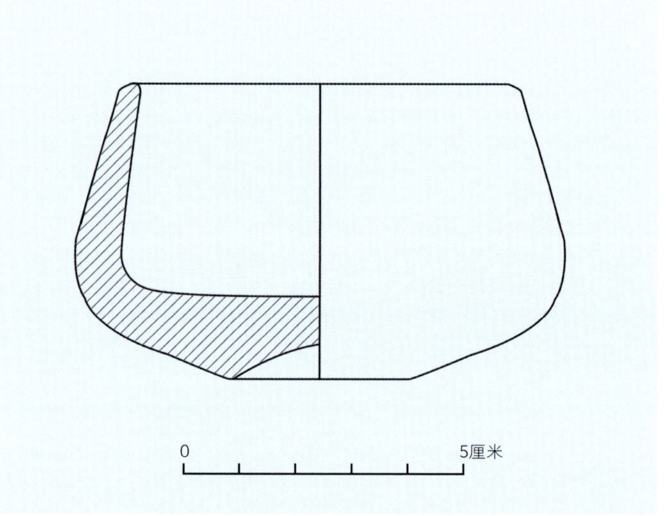

图5-428　AⅠ式垫具 02CFT3③：462

图5-429　AⅡ式垫具 02CFT3③：479

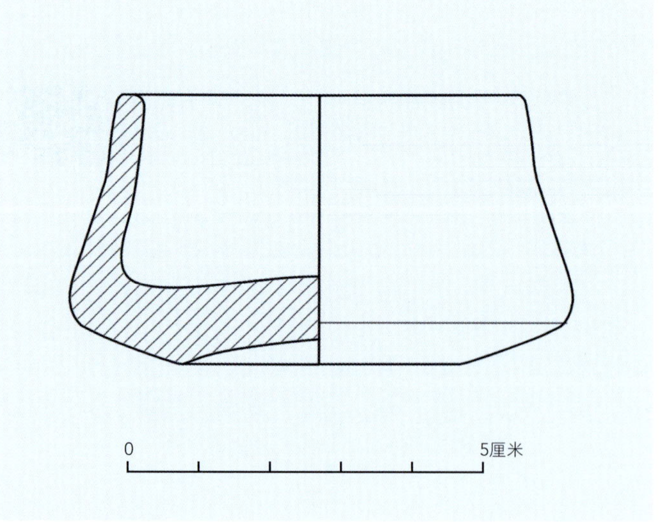

图5-430　AⅡ式垫具 02CFT3③：479

图5-431　AⅡ式垫具 02CFT7③：100

图5-432　AⅡ式垫具 02CFT6③：11

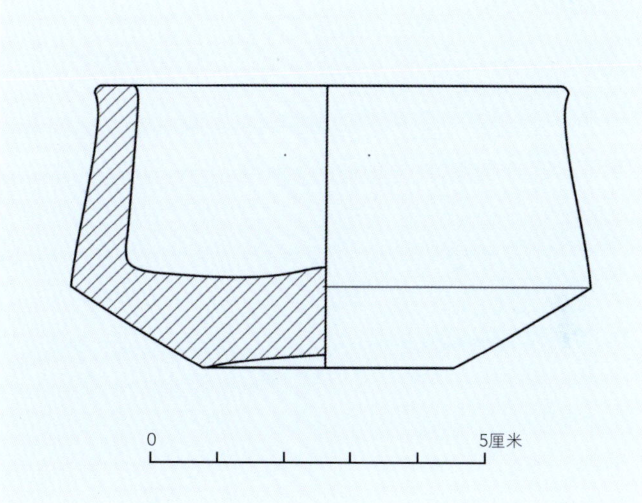

图5-433　AⅡ式垫具 02CFT6③：11

图5-434　AⅡ式垫具 02CFT8②：34

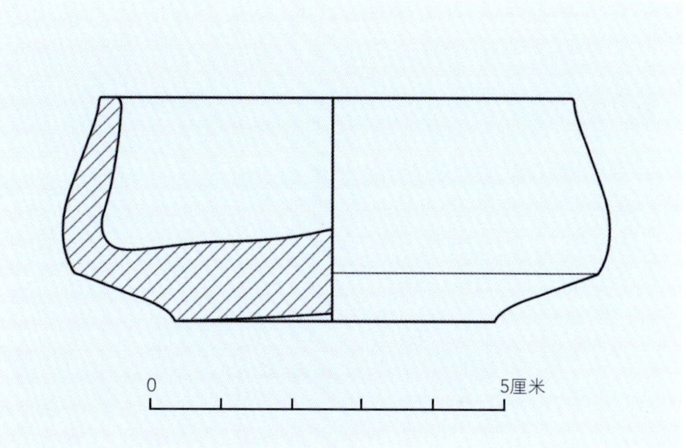

图5-435　AⅡ式垫具 02CFT8②：34

Ⅲ式：34件。亚腰形。02CFT6②：10，泥质酱褐陶，器形略扁，平唇，敞口，上半部呈亚腰形，近底部腹壁鼓收，最大径近居底部，平底较大。口径7.5厘米，高4.8厘米，底径7.8厘米（图5-436、图5-437）。02CFT7①：33，泥质黄褐陶，器形略高，厚圆唇，敞口，上半部近呈亚腰形，往下腹壁近直且略起折棱，平底。口径8.5厘米，高6.2厘米，底径8.2厘米（图5-438）。02CFT3③：472，泥质红褐陶，器形较小，平唇，直口，腹壁呈亚腰形，下腹往下鼓收至底，平底稍小。口径6.8厘米，高4.3厘米，底径4.5厘米（图5-439）。

Ⅳ式：1件。假圈足。02CFT3③：469，泥质黄褐陶，平唇，直口，器壁中部微内收，下腹稍鼓且往下内收至底，假圈足略小，且有一周圆凸棱纹。口径6.5厘米，高4.6厘米，底径4.7厘米（图5-440、图5-441）。

图5-436　AⅢ式垫具 02CFT6②：10

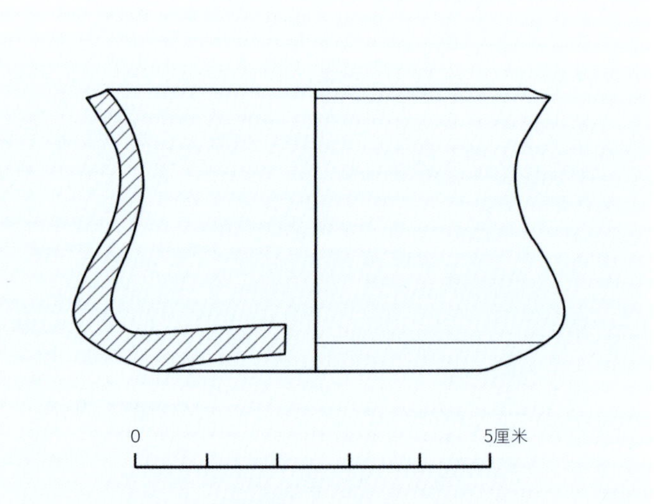

图5-437　AⅢ式垫具 02CFT6②：10

图5-438　AⅢ式垫具 02CFT7①：33

图5-439　AⅢ式垫具 02CFT3③：472

Ⅴ式：6件。斜直壁。02CFT7③：90，泥质酱褐陶，近平唇，口微敞，器壁近斜直，平底。口径8.8厘米，高5.7厘米，底径6厘米（图5-442、图5-443）。02CFT2②：84，泥质黄褐陶，近平唇，口微敞，近斜直壁且往下内收，平底略外撇，近底部有三周凸弦纹。口径7.5厘米，高5厘米，底径5.5厘米（图5-444、图5-445）。02CFT3③：451，泥质黄褐陶，底部已残，器形稍矮。近圆唇，敞口，近斜直壁，器身有弦纹，平底。口径9厘米，高4.2厘米，底径4.5厘米（图5-446）。

B型　172件。圆筒形。

02CFT5②：174，泥质黄褐陶，筒身较矮。近尖圆唇，直口，直壁，往下内折收至平底。口径9.2厘米，高4.6厘米，底径4.7厘米（图5-447、图5-448）。02CFT3②：14，泥质黄褐陶，筒身较矮。近尖圆唇，口沿稍外折，直口，直壁，半底略大，外壁

图5-440　AⅣ式垫具 02CFT3③：469

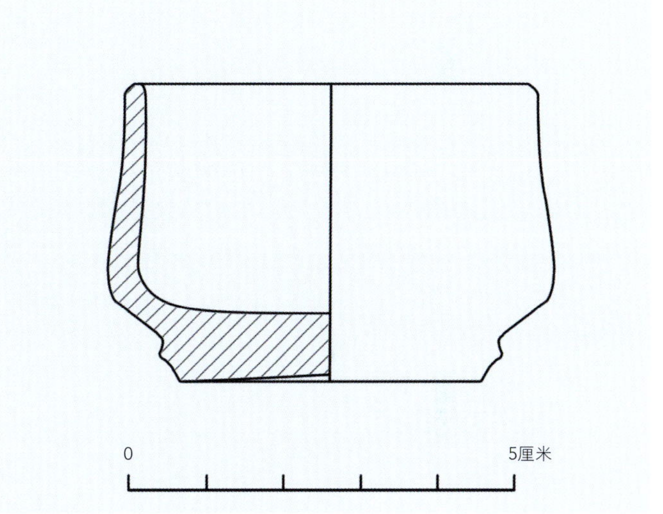

图5-441　AⅣ式垫具 02CFT3③：469

图5-442　AⅤ式垫具 02CFT7③：90

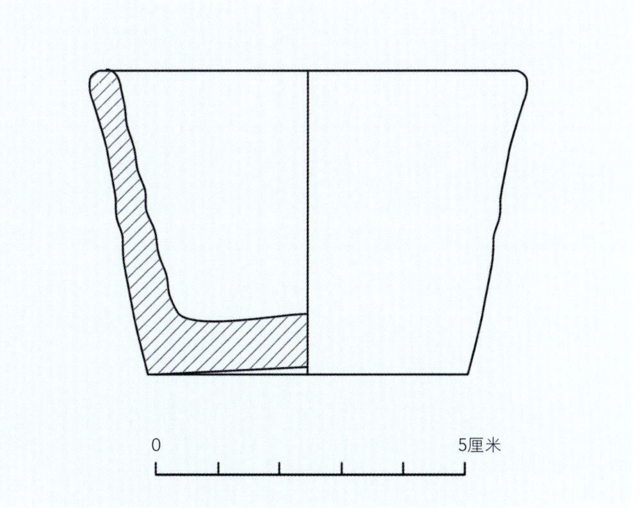

图5-443　AⅤ式垫具 02CFT7③：90

图5-444　AⅤ式垫具 02CFT2②：84

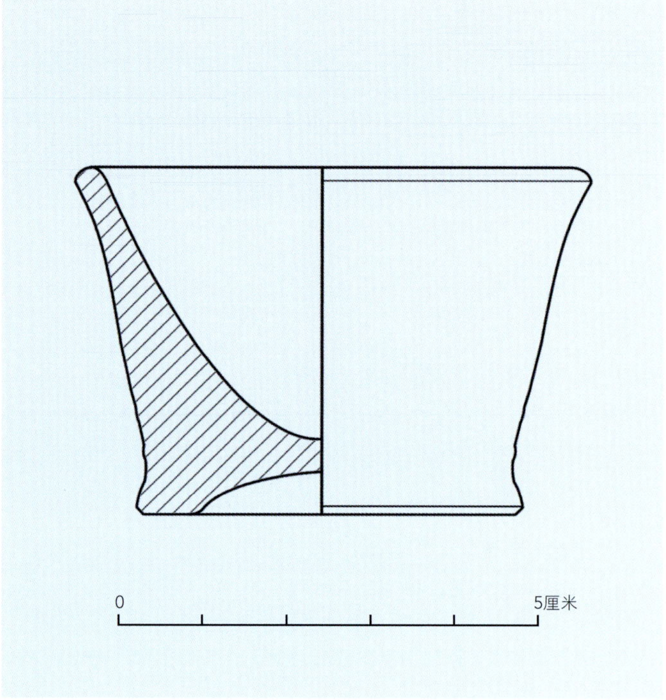

图5-445　AⅤ式垫具 02CFT2②：84

有弦纹。口径7.3厘米，高4.3厘米，底径5.5厘米（图5-449）。02CFT3②：16，泥质黄褐陶，圆筒身稍高。近平唇，口沿稍外卷，直口，上半部作弧形微内束，下腹稍鼓，平底。口径9.5厘米，高7.8厘米，底径5厘米（图5-450、图5-451）。

C型　12件。钵形。

02CFT3③：436，泥质红褐陶，器形较大，尖唇，宽圆口沿，敞口，口沿内折且呈一棱角，口沿下外壁内束呈一凹槽，鼓腹，内底近平，平底。口径13.4厘米，高7.8厘米，底径6.5厘米（图5-452、图5-453）。

D型　48件。近似器盖形。

04CFT11②：199，泥质红褐陶，器体颇大，平面近呈一圆器盖形。上部近内底较平，外壁稍凹弧，大平底，底四周略上翘。口径17厘米，高5.2厘米，底径21.5厘米（图5-454、图5-455）。04CFT11②：200，器身有裂纹，泥质红褐陶，器壁较厚，部分外壁施酱褐釉。上部近内底平整，外壁近直，大平底，底四周略上翘。口径16.5厘米，高6.7厘米，底径18厘米（图5-456、图5-457）。

2. 垫托

23件。全为泥质陶，有黄褐陶和红褐陶二种，分为圆饼形和浅碟形二式。

Ⅰ式：17件。圆饼形。02CFT6②：15，泥质红褐陶，残半，质地甚坚硬，器形很大，两面平整，其中央置有一小圆孔。直径20.5厘米，高2.1厘米（图5-458、图5-459）。

图5-446　AⅤ式垫具　02CFT3③：451

图5-449　B型垫具　02CFT3②：14

图5-447　B型垫具　02CFT5②：174

图5-450　B型垫具　02CFT3②：16

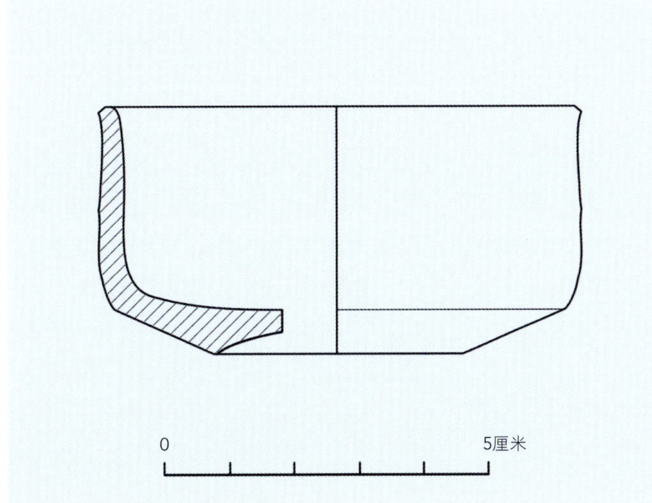

图5-448　B型垫具　02CFT5②：174

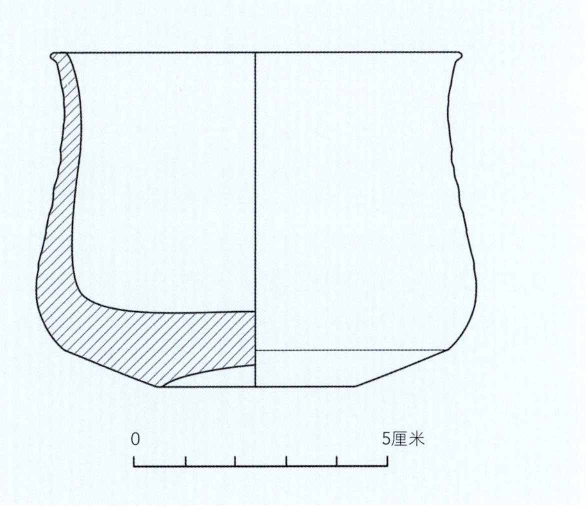

图5-451　B型垫具　02CFT3②：16

图5-452　C型垫具　02CFT3③:436

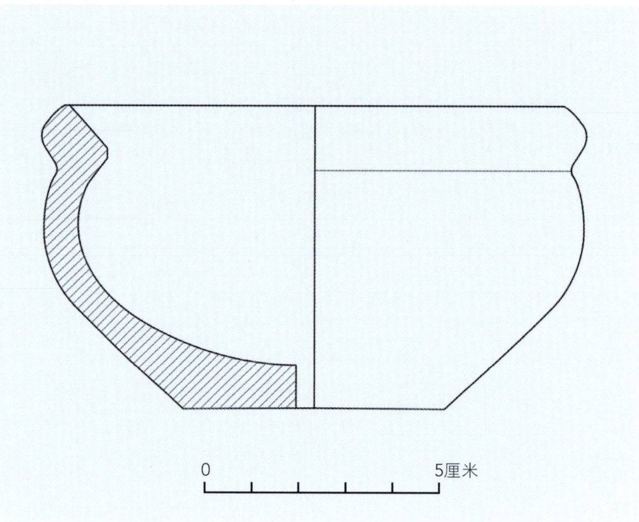

图5-453　C型垫具　02CFT3③:436

图5-454　D型垫具　04CFT11②:199

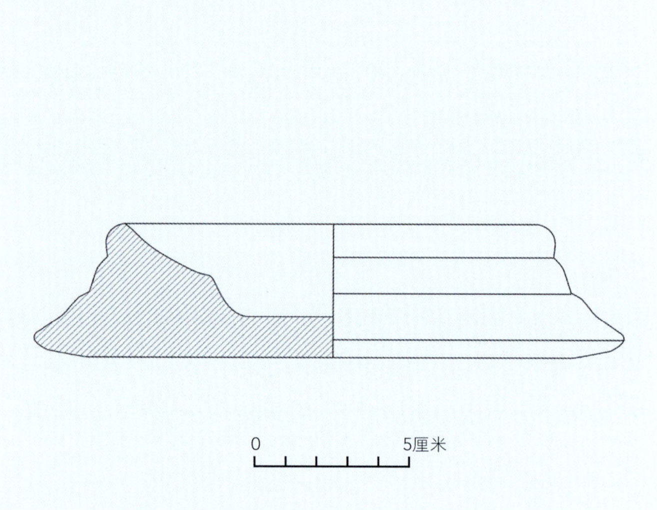

图5-455　D型垫具　04CFT11②:199

图5-456　D型垫具　04CFT11②:200

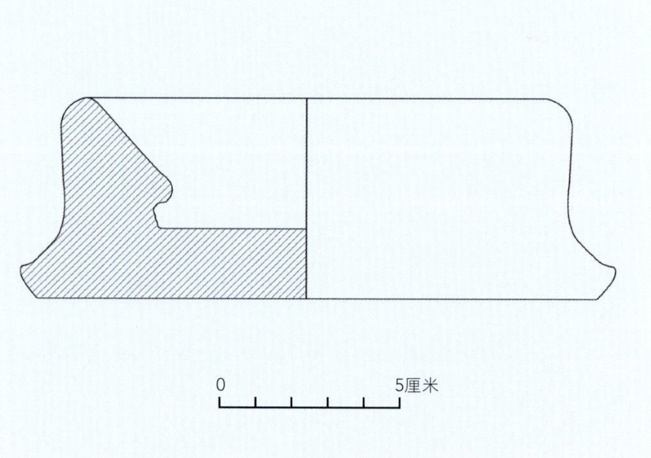

图5-457　D型垫具　04CFT11②:200

Ⅱ式：6件。近呈浅碟式。02CFT2②：97，泥质红褐陶，外壁施青釉，器壁较厚，近圆唇，敞口，内壁向中部斜下，中间有一小圆孔，平底。口径7.7厘米，高2.7厘米，底径7.9厘米（图5-460）。02CFT3②：25，泥质黄褐陶，器壁稍厚，平唇，口微敞，外壁近斜直，内底平，平底。内口径8.6厘米，高2.5厘米，底径7.4厘米（图5-461、图5-462）。02CFT3③：492，泥质红褐陶，部分外壁施青釉，器壁较厚，圆唇，敞口，内底平，平底，外壁稍鼓且有弦纹。口径7.9厘米，高2.8厘米，底径8.6厘米（图5-463、图5-464）。

3. 匣钵盖

142件。近斜弧壁，器壁较厚。

02CFT7①：31，泥质红褐陶，近宽圆唇，敞口，内壁往下稍斜收，外壁中部明显内凹且呈一凹槽，内底较平，平底。口径12.7厘米，高4.6厘米，底径4.7厘米（图5-465、图5-466）。04CFT11②：171，泥质红褐陶，器形稍矮，尖唇，敞口，口沿内壁往下折收，外壁斜弧，内底近平，平底。口径13.8厘米，高4.2厘米，底径5.5厘米（图5-467、图5-468）。

图5-458　Ⅰ式垫托 02CFT6②：15

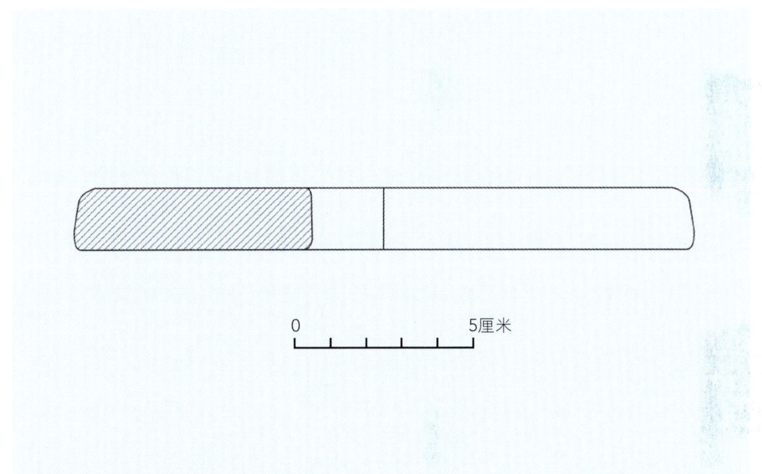

图5-459　Ⅰ式垫托 02CFT6②：15

图5-460　Ⅱ式垫托 02CFT2②：97

图5-461　Ⅱ式垫托　02CFT3②：25

图5-462　Ⅱ式垫托　02CFT3②：25

图5-463　Ⅱ式垫托　02CFT3③：492

图5-464　Ⅱ式垫托　02CFT3③：492

图5-465　匣钵盖　02CFT7①：31

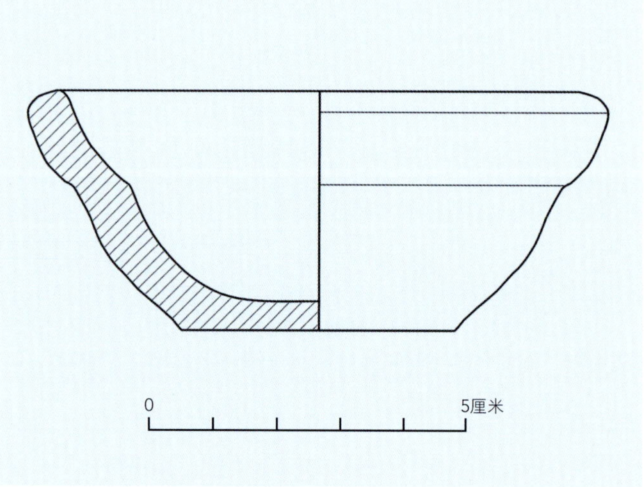

图5-466　匣钵盖　02CFT7①：31

图5-467　匣钵盖 04CFT11②:171

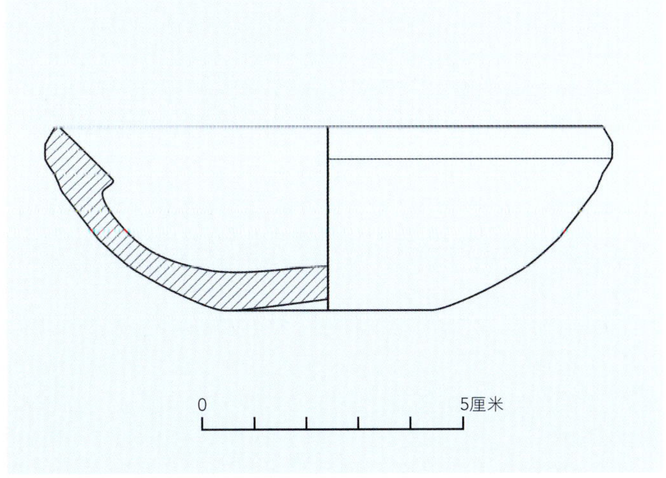

图5-468　匣钵盖 04CFT11②:171

4. 垫饼

323件。均为泥质陶，陶色分为黄褐、灰褐、红褐等种，以黄褐陶为主。平面呈圆形，近饼式，大小不一，厚薄有别。这是福安窑址装烧瓷坯时较为常见的窑具之一。

02CFT7③：120，泥质红褐陶，正面稍凹下，背面平整，中间留有轮制旋纹痕，其中一面刻满辐射纹及弦纹，其用途不明。直径10厘米，厚1.5厘米（图5-469～图5-471）。02CFT8②：42，泥质灰褐陶，器身稍薄，两面微内凹下。直径9厘米，厚1厘米（图5-472）。02CFT7③：119，泥质灰褐陶，陶色有些斑驳，器身稍大，两面留有轮制旋纹痕。直径 12.8厘米，厚1.5厘米（图5-473）。02CFT8②：41，泥质黄褐陶，器身稍厚，两面周边缘稍凸起，两面很平整，周边略外鼓。直径11.4厘米，厚1.8厘米（图5-474）。02CFT8②：44，泥质灰褐陶，周边近斜直且施有青釉，一面微内斜收，另一面平整，留有轮制旋纹痕。直径9.5厘米，厚1.5厘米（图5-475）。

5. 齿边垫饼

7件。皆为泥质黄褐陶，当为窑具的一种。

02CFT4②：86，是用1件酱褐釉器物圈足改制而成。沿其外边缘刻一周小长方形短齿，个别短齿残断，内底较平且有轮制旋纹痕迹，用途不明。直径10.5厘米，厚3.2厘米（图5-476、图5-477）。

6. 火照

10件。火照又称“试片”，是用陶瓷器残片改制而成的，平面大体近呈梯形，上下两端较平整，宽端处有一小圆孔（图5-478）。为烧制瓷器时用于测定窑内温度的一

图5-469　垫饼 02CFT7③：120

图5-470　垫饼 02CFT7③：120

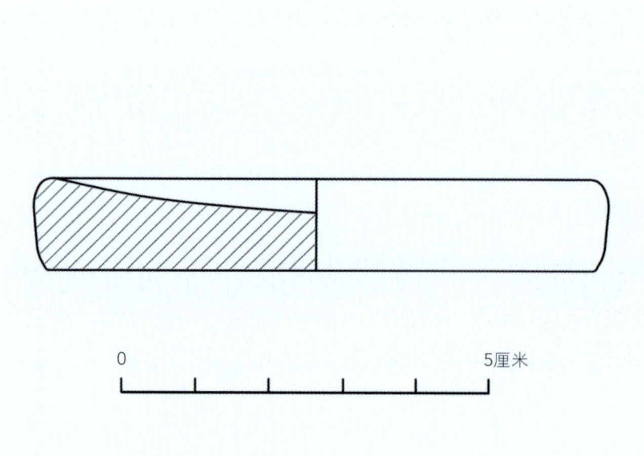

图5-471　垫饼 02CFT7③：120

图5-472　垫饼 02CFT8②：42

图5-473　垫饼 02CFT7③：119

图5-474　垫饼 02CFT8②：41

图5-475　垫饼 02CFT8②：44

图5-476　齿边垫饼 02CFT4②：86

图5-477　齿边垫饼 02CFT4②：86

种检验工具。

02CFT3③：528，泥质灰褐陶，长5.5厘米，端宽3厘米，孔径2.8厘米（图5-479）。02CFT4③：88，青花瓷，长5.2厘米，宽端3.6厘米，孔径1.5厘米（图5-480）。

7. 带孔器

7件。均残，泥质红褐陶。因部分器身残缺，原器形已不明，现存的部分近似炮弹形，顶端上有一浅圆凸面，其中间带一小圆孔，内壁布满轮制时留下的旋纹痕，外壁为素面。04CFT7①：27，现存器身为3块残片拼接而成，残长27.5厘米，孔径2.6厘米（图5-481、图5-482）。04CFT11②：197，现器身残长25厘米，孔径2.1厘米（图5-483）。

图5-478　火照

图5-479　火照 02CFT3③：528

图5-480　火照 02CFT4③：88

8. 四足器

1件。04CFT11②：53，为泥质红褐陶，大部分器身已残缺，现仅存一器底，原器形不明，内底较平，底部饰有四个小长方乳顶足，用途不清。残高5.2厘米（图5-484、图5-485）。

9. 瓶形器

3件。02CFT4①：45，为泥质黄褐陶，口沿已残，近似葫芦形，小喇叭口圈足。残高17.6厘米，足径8.2厘米（图5-486、图5-487）。04CFT11②：195，为泥质灰褐陶残缺下部器身，近似蒜头形瓶口，平唇，小直口。口径2.2厘米，残高5厘米（图5-488）。

图5-481　带孔器　04CFT7①：27

图5-482　带孔器　04CFT7①：27

图5-483　带孔器　04CFT11②：197

图5-484　四足器　04CFT11②：53

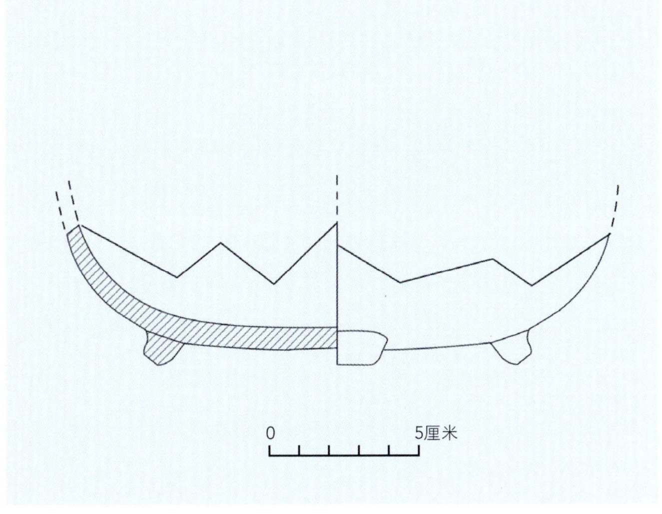

图5-485　四足器　04CFT11②：53

10. 砚台

3件。皆残，其中1件为褐釉陶，素胎有2件。

02CF采：13，稍残，平面呈长方形，沿台面四周边缘刻有双道细直线凹纹，四边较平直，底平。近上端置一长方凹槽，长6厘米，宽1.8厘米，为存水之处。其前方即为砚台面，较为平整，磨光，为研墨之用。长11.7厘米，厚2.6厘米，宽7.3厘米（图5-489）。

11. 象棋子

8件。完整，其质地有泥质黄褐陶和泥质灰褐陶两种。

棋子器形略不太规整，平面皆呈圆形，稍有大小之别，正面分别刻有“兵”“士”“相”“炮”“傌”“车”“俥”等汉字（图5-490）。

12. 兽头流口

1件。已残。04CFT8③：205，质地为泥质黄褐陶，似呈一兽头形，其大嘴当作为器物的一个流口。残长12厘米，流口高2.5厘米，宽4厘米（图5-491）。

图5-486　瓶形器　02CFT4①：45

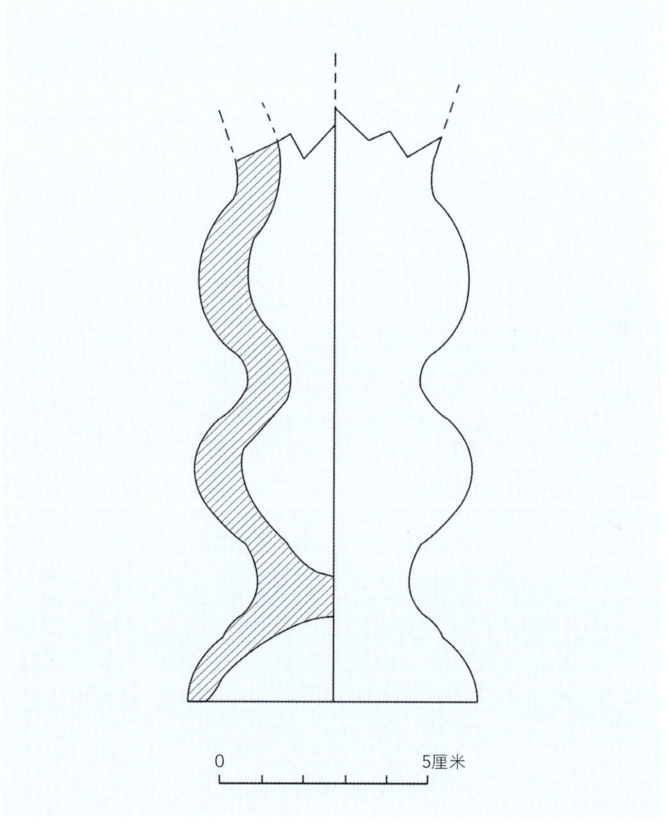

图5-487　瓶形器　02CFT4①：45

图5-488　瓶形器 04CFT11②:195

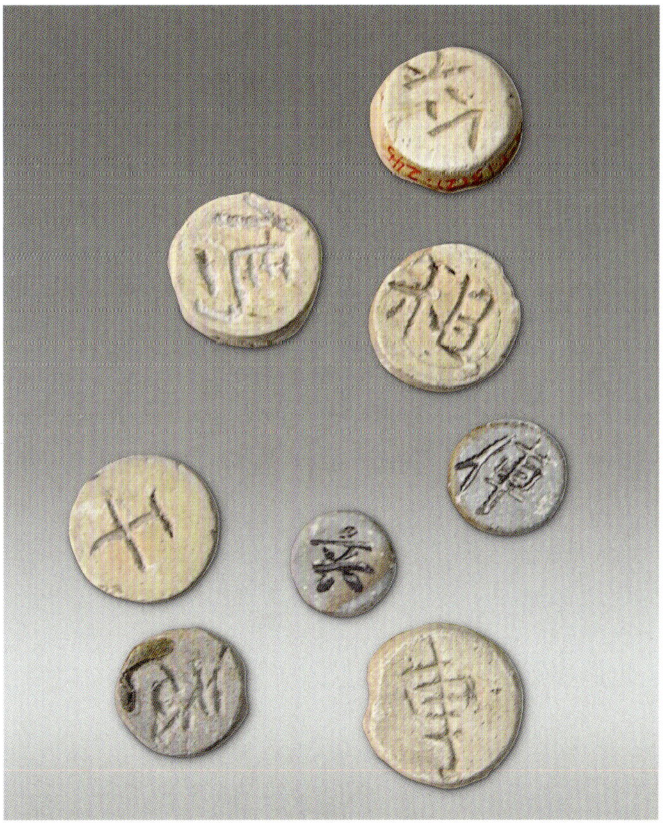

图5-489　砚台 02CF采:13

图5-490　象棋子

图5-491　兽头流口 04CFT8③:205

三、其他遗物

其他遗物仅有“洪化通宝”铜钱和残铁管各一件。

洪化通宝　1件。02CFT1②：8，方孔钱，完整，黄铜质地。正面铸有“洪化通宝”四楷字，背面无字款。直径1.4 厘米，厚0.12厘米（图5-492、图5-493）。

残铁管　1件。02CFT3②：256，器身锈蚀严重，近呈管形，因器身残缺，原器形不明。残长5.5厘米，直径4.2厘米。

图5-492　洪化通宝（正面）02CFT1②：8

图5-493　洪化通宝（背面）02CFT1②：8

第六章

结　语

福安窑址两次考古发掘，取得了较重要的收获，其中，清理出5座横式阶级窑遗迹，出土了十分丰富的陶瓷器遗物。通过这些考古成果，可以了解和认识福安窑窑炉结构、装烧工艺特点与出土陶瓷器的类型及其文化特征，由此，可以进一步推断窑址年代当在清代。福安窑址发掘出的清代横式阶级窑窑型在海南古窑址中尚属首次发现，这不仅填补了我省在古窑址考古上的一个空白，也为探讨海南清代窑业受南方古窑业技术传播影响及其发展情况提供了较重要的文物资料，具有一定的参考价值和历史意义。

一、建窑条件与窑炉特点、装烧技术

从福安窑址所处的环境条件来看，建窑时应是考虑到选择在瓷土原料和可供燃料较为丰富与交通和水源都比较方便的地区。发现的福安窑址横式阶级窑当属南方龙窑系列发展较晚的一种窑式形态，也是比较完善和成熟的一种窑型，具有较为明显的时代特点。福安窑的叠装裸烧技术在装烧工艺上也有一定的地方特色。

1. 建窑的环境条件

一般来说，在古代修建瓷窑时，大多会选择较有良好的自然地理环境之场所，它应具备几个相应的基本条件：其一，选择建窑的所在地应蕴藏有较为丰富的高岭土或瓷土，这是制作瓷坯最为重要的原料，当必不可缺；其二，制作瓷坯与烧窑时都需要用水，保证水源也是非常必要的因素，所以，修建窑场大都是要选择近旁江河或水源较方便的地方；其三，烧窑时需要有足够的燃料供给保障，因此，窑场附近应分布有较为丰富的树木来提供燃料；其四，窑炉烧造出的瓷器产品都要外运出去进行商品贸易，因此，窑场一般都应建在交通比较便利的地方，有的还选择江河的近旁，以利于水路运输。

福安窑址位于澄迈县西部地区，这里正是该县境内西部较丰富高岭土资源的分布区域。现从福安村往北到窑址的一条村道上，因常年经雨水冲刷，在靠近窑址的一段较高村路的地表已裸露出部分高岭土，这应与当时福安窑制作生产瓷器所需要的的原材料有一定关联。因此，选择在其临近的地方建窑烧制瓷器当是有一定道理。窑址坐落在促进山的坡地上，东、北两面现旁依较为茂盛的树木，再往前是一片宽阔的林带，分布有较为丰富的灌木丛林，这就为当时烧窑生产瓷器提供了充足的燃料来源。窑址往西约150米就濒临南渡江二级支流美杨河，至今河水常流不断，可想当年窑工在制作瓷坯需用水时，可随时利用近旁的美杨河水；同时，在烧窑过程中也要用水，还能较便利地就近取水使用。由于窑址是修建在偏西部的丘陵山岗地带，交通不是很方便，而窑址近旁流淌着南渡江支流—美杨河，烧造出窑的陶瓷器产品可以十分便利地通过舟船河运，经美杨河驶入南渡江，再往外转运出去，部分产品还可能再销往岛南的黎族聚居地区。由此可见，清代时，窑工在福安当地建窑选择场地时，是充分注意到这几方面的自然地理条件及有利因素的。同时，可能也考虑到当时社会上对陶瓷器产品的一定需要量，所以，在此共建有5座横室阶级窑炉窑，烧造生产很多产品来满足那时海南岛民众的生活需求。

砌筑龙窑时是需要一定的倾斜坡度，所以，一般都是选择建在山坡上。从考古发现的这几座龙窑窑床来看，它们皆是修建在一座山岗的斜坡上，窑炉结构应属斜坡式龙窑。发现的窑炉是沿着坡势往上砌筑成近长方形的窑身，坡势相对高近10米，就自然形成了一定的倾斜度，其修造的窑床本身即具一定的高度差，因而在烧窑时也就会产生自然抽力。同时，该龙窑是依坡势筑成，有雨水时随即可沿斜坡往下流去，窑炉也不易受到地下水的影响。

2. 窑炉特点

建在山坡上的福安窑址，就其保存的窑床来看，是一处斜坡式龙窑。据有关考古资料可知，至迟在商代晚期，在中国江南地区就已出现了龙窑[1]。如江西清江吴城商代遗址第六次发掘中就发现一座残陶窑遗迹[2]，这就是被后代所称作的最早的“龙窑”。它的考古发现表明，自此以后，中国南方开始砌筑龙窑来烧制陶瓷器，一般都选择建在山坡上。因龙窑是依坡势作倾斜状而砌筑，形似一条较狭长的甬道，窑身为前低后高，头在前，尾在后，平面近呈长方形，好像似一条俯冲而下的“火龙”，故称作“龙窑”。它也像一条向下爬行的蛇或蜈蚣，所以有时又称为“蛇窑”或“蜈蚣窑”。龙窑可分为窑头、窑室、窑尾三部分，其产量较之馒头窑来说，当是有过之而无不及，明显要增加很多。因此，随着龙窑自身的不断发展变化，它逐渐就成为南方地区自商朝以后历代烧造陶瓷器时较为流行的一种窑型。

福安窑址考古发掘中，共清理出5座窑炉，它们的保存状况是有所差别，但就其布局结构来看基本上是相同的。其中，唯以Y1遗迹保存较好，可以通过其窑炉结构较好地认识福安窑窑炉构造特点，其窑身是由窑头、窑室、窑尾三部分组成，这正符合龙窑的主要形制特征。一般来说，龙窑最突出的优点是窑内升温快，降温也快，同时还可以维持烧造青瓷时所需的还原焰。因此，龙窑是烧制青瓷较为重要的一种窑型。从福安窑址出土近4900余件瓷器中，属青瓷范畴的多达3200余件，占其总数的66%，居瓷器数量的一半以上。可见，福安窑作为一处龙窑，正是用来烧造青瓷器皿较为可行的一个窑炉类型，这是否表明当时窑工已能根据所烧制瓷器釉色的不同与需求量的多少，来选择建造相适应的窑型。

当龙窑发展到宋代时，就出现了阶级窑的最初形式——分室龙窑，即在窑身内开始砌筑分隔墙，其下部窑床近底处留有一排通火孔。至明代，分室龙窑又逐渐演变为为单独砌筑每个窑室，且依坡势呈阶梯状依次往上排列分布，每单个窑室内设有专门搁置瓷坯件的烧台，就形成了正式的横式阶级窑[3]。到明末清初，随着福建地区横式阶级窑窑炉技术的在不断发展、改进，其窑炉结构也经过了一定演变，逐渐趋向成熟、完善，其中，以漳州东溪窑为代表的横室阶级窑即成为龙窑发展的最后一种窑式[4]。

从福安窑址清理出的5座窑炉看，Y1还保存窑炉的大部分结构，现窑床上主要残存有火膛、窑壁、窑室、排烟口等遗迹，它们是采用窑砖来砌筑的，基本上能看到原有的窑炉形制与结构布局面貌。火膛位于窑头前端，为整座窑炉最初的点火燃烧之处；

排烟口位于窑尾处，是窑炉内烟气的排放出口。其中，Y1中部的窑身由7间窑室构成，是为窑室内摆放瓷坯之处，也是窑内坯件的烧成带。每间窑室依次横向分布，且顺坡势逐渐往上递进呈阶梯状排列，它们的形制结构基本是相同的，主要由火沟、烧台、隔墙、通火孔、投柴口等组成。但每间窑室的进深有一定差别，故其分布面积也是各不相同的，短者仅为0.88米，长者有1.9米。在每间窑室内均铺设有3～5行不等的横向砖砌烧台，形成往上依次排列的阶梯状，专门用来放置待烧制的瓷坯件。因此，Y1窑炉结构是符合横式阶级窑窑式的基本特点，总长近15米，宽约3.6米，分布面积近54平方米。因其窑炉内的窑室砌筑有搁置瓷坯的烧台较多，相比馒头形窑装烧容量有限，可见横式阶级窑的装烧容量是增加了很多。

就阶级窑的每间窑室来说，它也是一个半倒焰的馒头窑，其特点是升、降温较慢，易控制升、降温的速度和保温时间。因后一室窑底高于前一室窑底，在室与室之间所砌的隔墙下部设有通火孔。在点火烧窑后，火焰可经过窑内前室隔墙下部的通火孔进入次室，并依次通过以后的各室，最后自窑尾的出烟口排走。建在山坡上的龙窑虽有天然的斜坡度，由于窑室内的隔墙会产生一定阻力，为了克服较大阻力，需要扩大窑炉前后的高程差距，增加窑内的空气自然抽力，所以，设窑时一般会考虑选择斜度相对较大的山坡。所建的福安窑就是选择了有较大坡度的山岗地，其中，Y1在22°，Y2在25°，Y3在23°，它们均有较合适的坡度差，便会产生一定的自然抽力。发火烧窑后的烟气会顺着倾斜的窑床向上抽去，然后便通过各个窑室，并流经摆放在烧台上的坯体，使其各室内的坯体得到预热和烧熟。这样，既可以节约燃料，又可以烧出还原气氛。由此比较看出，横式阶级窑既具有龙窑的特点，又比单个馒头窑优越，是一个比较成熟和完善的窑型。

3. 装烧技术

从古代龙窑内坯件摆放的烧造特点来看，一般是窑头多装碗、壶、碟、盘、杯、盅等小件器物，中部窑室多装大型的罐、壶、瓶类，中后部窑室均可装大小器物，窑尾多为半成品和烘烤的坯件。福安窑址共发现5座横室阶级窑，由于它们均遭到不同程度的毁坏，除有4座窑炉残存小部分遗迹外，仅有1座Y1还保存大部分窑炉遗迹。从Y1现存较为完整的的窑床看，底部未铺有沙层，而是在其上面专门砌有放置装烧瓷坯与窑具的砖烧台，其窑床修建方法已不同于早期的龙窑。现残存的窑室内烧台上基本未见有装烧的器物，已较难以知道当时在烧制不同器物坯件时原来所采用的具体摆放装烧情况，仅能从出土的窑具来了解福安窑的装烧技术水平。

从窑业生产过程中使用的工具来讲，在目前的一般概念上认为，窑具主要是指伴随陶瓷烧造过程中在窑炉内使用的辅助工具，又简称窑具。在烧造时使用窑具的主要目的，是为尽量防止废品的大量出现，以进一步达到提高窑室空间利用率，从而不仅能够降低生产成本，还可以提高产品质量。在发掘福安窑址的11个探方与5座窑炉中，相继出土有较为丰富的垫饼、垫具、齿边垫饼、垫托及匣钵盖等陶窑具，这应表明当时福安窑在烧造陶瓷坯件中已较普遍使用窑具，且采用装烧技术来生产瓷器。装烧即是指使用专门的辅助工具（即窑具）把瓷坯件相互间隔与堆叠起来，再放进窑室内以待焙烧的一道工序。宋代时，已开始采用仰烧法来生产瓷器，就是使用比碗、盘等器物圈足小而高的陶垫饼，垫在圈足底内，以托住器物，能避免釉汁下流使两者胶结在一起。

据与烧成技术有关窑具的功能不同，一般可分为垫烧具、支烧具、匣具和测试具四大类。福安窑址出土的窑具中也包括有上述四种类型，其中，垫烧具有垫饼、垫具、齿边垫饼、垫托等，支烧具只有钵状支具，匣具仅见匣钵盖（未见有匣钵），测试具则有火照。在众多窑具中，作为与坯件底部接触面大的垫隔物一种—垫饼，是福安窑址发现最多的一种垫烧具，多达上万件以上。垫饼主要是作为碗盘类小底器物装烧时的垫隔物，顾名思义，其形近似扁圆饼状，大小不一，厚薄有别，一般直径在9～12.8厘米，厚1～1.8厘米。这种垫烧具一般是用于烧造大小有所不同器物坯件时的辅助工具，也是福安窑装烧技术中十分常见的窑具之一。此外，垫具发现也较多，有500余件，可分为罐形、圆筒形、钵形、器盖形等，器形大小有别，口径大多在6.5～13.8厘米，高3.7～7.8厘米，当是用于不同器类在装烧时使用的垫隔窑具。窑址中虽未发现有置放坯件的匣具—匣钵，却有上百件的匣钵盖，这是否从一个侧面说明福安窑在当时器物坯件的装烧方法上也采用了类似的匣钵烧造技术。该窑址出土的测试具火照有10件，都是用陶瓷器残件稍微改制加工而成的，为窑炉烧造过程中用于测定窑内温度的一种试片工具。

从窑址出土的一些碗、盘、碟等器物底心釉面上有露胎环的特征来看，再结合出土大量垫具、垫饼等垫烧窑具的发现，这可能反映了当时福安窑在烧造方法上还是采用叠烧法。因为叠烧法是一种产量较高的方法，它是在器物内底（以碗、盘等为多）刮去一圈釉面，形成露胎环，然后将叠烧的无釉器物底足置其上，使露胎环正好与无釉器足相接触，并逐层重叠。这种叠装裸烧方法，既可以提高烧造瓷器的产量，又具有成本较低的特点，能在一定程度上满足社会上不断增长对日常生活器皿的需求，生产出较为丰富的日用粗瓷。

福安窑址出土碗、壶、碟、杯、盅等小件生活器皿，表明在进行叠装裸烧时使用的这些窑具体积相对是比较小的，并没有发现很大且较高的窑具。福安窑所选用体积较小的窑具，应是与其横室阶级窑的结构变化有一定关系，这是因为在窑室两侧壁都设有专门的投柴口，如Y1的7间窑室两侧壁墙各设有2个投柴口，故其窑身有一定延长，已达15米。因此，在烧窑时火焰流速相对减慢，窑炉内温度当是较为均匀，底部也能烧成瓷器，所以选用的窑具一般可以是较小的。使用这类窑具是为了承装待焙烧坯件，且把坯件垫放置到窑室内的烧台上，使之可烧成较好的部位，使产品能达到正烧。同时，使用窑具后可以使承装的坯件能够相互堆叠多件，从而提高生产瓷器的产量。福安窑烧造小件生活器皿，就是选择这类属于小型窑具的垫饼、垫具等。

福安窑烧造瓷坯件时，主要是采用窑具进行叠装裸烧的方法，因此，在烧造出窑后的瓷器中，也出现了部分残次品，器形主要有碗、碟、盘、盅等。其中，有的是单件碗或碟、盅等器底胶结有垫具或垫饼，已无法分开；有的是两种或两种以上器形相互胶结的，如碗上分别胶结有碟、盅、杯等不同器物，且相互叠压之间无有窑具；还有的是多件同种器形并未使用窑具装烧，出土时已完全相互胶结在一起，少则几件或十几件，多则几十件，最多的达上百件成几摞相互套叠胶结于一起。这种现象，是否反映了福安窑在采用了叠装裸烧技术时，窑工在具体操作使用该工序中有着一定的疏忽大意，抑或是在装烧窑具时比较随意马虎，显得较为简单草率，加上在窑炉烧造方法上也存在一定的不足，当才造成产品出窑时会有部分瓷器残次品，才有了相互套叠胶结在一起的成摞器物（图6-1～图6-3）。由此看出，福安窑采用的窑具器形是很少的，且显得十分单一，在装烧技术使用上可能又因经验不足或疏忽马虎，故反映出其装烧工艺发展水平较为一般。

图6-1　胶结成摞的青花碗

图6-2　胶结成摞的青花碗

图6-3　胶结成摞的酱褐釉碗

二、陶瓷器类型及其文化特征

福安窑址出土遗物数量十分丰富，除多达上万件的陶垫饼之外，遴选出近6000余件各种不同器形的陶瓷器，其中，是以瓷器居多，陶器较少些。瓷器釉色中，以青釉与青黄釉居多，青花、酱褐釉次之。器类较多，器形也很复杂，多达近20种，大都属于日常生活器皿，其中以碗占多，碟、盅、壶、盘、香炉次之。陶器都为泥质陶，器形中多见垫具、垫饼，均为素面无纹饰。出土的陶瓷器具有一定的地方文化特征。

1. 陶瓷器类型

在福安窑址出土众多的陶瓷器中，数量是以瓷器为主，陶器也占有一定比例。除有少量为完整器物外，其中，有的是属于烧造出窑后因属瓷器次品而被废弃的，有的是器物的残件，有的还是多件器物胶结套叠在一起的。遴选出的瓷器多达5252件，其中施釉的有4916件，另有336件未施釉的素胎器物。瓷器釉色主要有青釉、青黄釉、青花、酱褐釉等，其中以青釉、青黄釉居大宗，次为青花、酱褐釉，另有甚少的黄褐釉和黑褐釉。陶器仅有1080件，陶色分黄褐、红褐、灰褐等。

依据出土瓷器功能用途之不同，一般可分为生活用具、制陶工具和小型塑像等几类，其中又以生活用具占绝大多数，其余的则甚少。在生活用具中主要的是容器，大都为日常生活中使用的实用器皿，按其不同用途，可分食器、水器、饮器、盛贮器等几种器类。此外，还有少量其他杂器，如灯器、炉器、衡器及烟斗等。

容器中是以食器数量最多，器形主要有碗、盘、碟、盅、钵及器盖等。其中，又以碗为主，多达1654件；碟、盅、盘等次之，各有862件、696件和225件；钵极少。饮器有盏、杯等；水器有壶、瓶，壶较多之；盛贮器有罐、瓮、缸、盆等，罐稍多之，瓮、盆等较少。此外，灯器有灯盏，炉器有香炉，衡器有瓷权等，吸烟用具有烟斗。另有少量制陶工具和窑具等，如轴顶帽。小型瓷饰件则有颇少的男人头塑像、鸭头形流、龟等。

从瓷器的不同形状与平面造型来看，大多数是属于圆器，如碗、盘、碟、盏、杯、钵、盆等；也有部分是立体造型的，属琢器，如罐、壶、瓶、瓮、灯盏、香炉等。方形器甚少，仅有青花方形香炉和青花方碟。按瓷器器形大小之区别，其中，多数是属中、小型器物，主要有碗、碟、盏、盘、瓶、杯、钵、盆、灯盏、香炉等；属较大型的器物，仅有罐、瓮、缸等。

在瓷器的不同器形中，其器形上当是有所一定变化，如罐、壶、盘、灯盏、器盖等器物也可分为几种不同型式。罐的型式变化较为复杂，可分为四耳小罐、四耳大罐、双耳罐、无耳罐、圈足罐、带流管、敛口罐七型，其中以四耳小罐和大罐颇多，有的还可分几式。壶的型式也有一定变化，分为四耳壶、执把壶、四耳带把壶、提梁壶、玉壶春壶五型，又以执把壶居多，四耳壶次之，其他的壶较少，有的也可分几式。碗的型式变化不大，仅有大小之别，可分大型碗、中型碗、小型碗、深腹碗四种，以小型碗最多，中型碗次之，大型碗和深腹碗很少。盘可分折沿、无沿、折壁、斜壁、高足五型，以无沿盘为多，折沿盘、折壁盘次之，余者甚少。灯盏按足不同，分为柱状、竹节形、复式、球柱形及带纽五型。器盖虽分为四型，仅个别的型式变化较多，如其中的A型可分九式之多。

陶器计有1080件，质地都为泥质陶，陶色仅有黄褐、红褐、灰褐几种，其中以黄褐陶为主，余者较少。陶器器形较为简单，只有垫具、垫饼、垫托、匣钵盖、带孔器、齿形器、火照、象棋子及器盖料等。

2. 文化特征

福安窑址出土的瓷器大都属日常的生活用品，陶器则多为窑具，从其整体面貌上来考察，是具有一定的地方文化特征。

从福安窑址出土遗物中是以瓷器为主来看，这应是一处瓷窑遗址。瓷器制作加工方法，基本上都采用轮制技术，在有的器物内壁上仍留有轮制时的同心圆旋纹遗痕。仅有小型器物系以手捏制而成，如烟斗、男人头塑像、鸭头形流、龟等。

瓷器釉色是以青釉、青黄釉为多，青花、酱褐釉次之，当与其砌筑的横式阶级窑窑炉容量较大及以烧造青釉瓷为主的特点有一定关联。除个别青釉器属一般精瓷外，绝大多数瓷器釉色一般，光洁度稍差，有的施釉不太均匀，有的釉色显得较为斑驳，有的器表还有流釉现象，应是属粗瓷范畴。可见福安瓷窑烧造的器皿大都是粗瓷生活器皿，这应适合清代时当地民众在日常生活中所需要的居家物品。

瓷器种类较多，以生活用具为主，且多属容器。容器大都是日常生活经常使用的器皿，其器类主要有食器、水器、饮器、盛贮器等。日用器皿器形也较复杂，有的还在型式上有一定变化，其中又以碗居多，碟、盅次之，罐、壶、盘也占一定比例。可见，福安窑主要是烧制百姓日常使用的生活用品，为清代琼北地区较重要的一处民窑。烧造的蛙纹带耳瓮是海南岛南部黎族生活中较具代表性的一种器形，因青蛙是黎族社会中十分崇拜的一种图腾，具有较鲜明的黎族文化特征。此外，香炉、烟斗及瓷权等器形的出现，也从一个侧面反映了当时社会上较流行的习俗风尚及商贸经济的一般发展情况。

在瓷器装饰花纹图案上，大部分瓷器的釉上或釉下均未施任何色彩或绘任何有颜色的纹饰图案，一般都是属于素瓷，这可能与属于民窑性质的福安窑仅能烧造民用粗瓷有一定的关系。此外，有小部分瓷器装饰有较为简单的花纹图案，其纹饰显得十分粗放草率。如少量瓷瓮饰蛙纹、蟹纹、水波纹等；罐饰仰莲纹、水波纹；香炉饰莲花纹、双龙戏珠纹、乳钉纹及“寿”“福”等字款。青花瓷大部分绘有纹饰，其中，有部分所饰的花纹图案显得简约且漫漶不清。青花纹饰主要有团花纹、花卉纹、草叶纹、水波纹等，多饰于碗、盘、壶、罐等器物，个别的器物内底或外壁还书写字款或吉祥语。

陶器中除出土有近万件垫饼外，在遴选有近上千件器物中，多数为完整器。陶器都为泥质陶，陶色可分黄褐、红褐、灰褐三种，以黄褐陶居多。陶器制造加工方法大多数为轮制，火候很高，陶色较纯正，质地甚坚硬。器形较为单一，且都为小型器物，主要有圆形的垫具、垫饼等窑具，较大型器物仅见带孔器、瓶形器等。另有用手捏制而成的烟斗、陶象棋子等。

三、窑址年代及其重要意义

据对考古发掘出的窑炉遗迹作分析判断，可以认定福安窑当属于南方龙窑系统的横式阶级窑窑式，再结合对出土遗物的初步研究，推测窑址年代应在清代。福安窑址的考古发现与发掘成果，对探讨清代海南岛窑业受南方古窑业技术影响及其发展情况与陶瓷烧造工艺水平提供了较重要的考古材料，同时也为认识当时的社会经济发展具有一定的历史意义。

1. 年代推定

关于窑址年代，1964年广东省文博业务人员在澄迈县进行考古调查时发现了促进山窑址（即今福安窑址），据对采集瓷器的初步分析，推断其年代可能是属于元代。因当时并没有对福安窑址进行发掘清理，缺乏全面了解窑炉遗迹和出土陶瓷器遗物的相关考古资料，故可能在认识判断上出现了一些偏差。现根据清理发掘出土的考古资料，对福安窑址年代进行一定的探讨。

首先，福安窑窑炉形制结构当受明清时期福建漳州窑横式阶级窑的一定影响。

自商代以来，我国南方地区在建窑时一般是多砌筑龙窑，这也是古代较为流行的一种窑式。因其窑身依山坡倾斜地势砌筑而成，平面近呈长方形，前低后高，头在前，尾在后，似一条“火龙”从下而上，所以被称作“龙窑”[5]。由于龙窑所处地势需要有一定的倾斜度，因此，一般都选择建在具有一定高度差的山坡上[6]。澄迈福安窑5座窑炉即是依山势而建，修筑在较为倾斜的岗坡上，具有一定的高度差，因而就形成了自然抽力，同时也不易受到地下水渗透的影响。窑炉平面都近似一稍狭窄的长条形，顺着坡势沿东西向自下往上延伸，其中1号窑炉长约15米，宽约3.6米，其与我国古代南方地区较流行的窑炉形制十分相近，具备了一座龙窑的基本特点，当属龙窑系统。

到宋代时，龙窑结构产生了一定的改进变化，出现了分室龙窑—即阶级窑的最初形式，在其窑身内砌筑分隔墙成为窑室，窑床近底部置有一排通火孔。后又逐渐发生演变，到明代时每个窑室均已单独砌筑，即形成了正式的阶级窑。随着南方古代陶瓷烧造技术在福建地区得到了进一步发展，到明代晚期，闽南漳州一带又出现了横式阶级窑窑型[7]。1994～1998年，福建省考古专业人员在漳州市平和县进行的古窑址抢救性清理发掘时，分别在花仔楼、大垅、田坑等窑址发现一批明代晚期—清初的横式阶级窑遗迹[8]。2004年对德化县东头桥清代杏脚窑址进行抢救性清理发掘，发现1座清代横式阶级窑遗迹[9]。2007年初，福建博物院考古研究所对东溪窑址进行抢救性考古发掘，在华安县高安镇揭露出3座清代横式阶级窑遗迹[10]。这些考古发现表明，随着福建横式阶级窑的不断发展变化，在明清时期已逐渐成为漳州地区瓷业生产的主流窑型，并对漳州窑瓷器的生产发展与海上瓷器商贸外销产生了重大影响。

自明代晚期始，以漳州窑为中心的横式阶级窑窑炉技术，经过了一定的发展、演变，到清代中期已趋向成熟和完善。同时，在随着漳州窑瓷业历史发展的进程中，其先进的窑炉技术也逐渐向外流传，主要是经由华南沿海地区沿着海岸向外进行传播和扩散的。其中，明末清初时期，即有一条往西的路线是经粤东、香港一带，再到达海南岛。

据已发表的考古资料可知，上世纪末，在广东东部的饶平、大埔等县[11]与香港大埔碗明末清初窑址[12]中相继发现了此类的横式阶级窑遗迹，当是受到了漳州窑横式阶级窑影响而出现的较为先进窑式。本世纪初，海南省文物考古研究所对澄迈县福安窑址进行了抢救性考古发掘，共揭露出5座横式阶级窑遗迹。其中，福安窑1号窑炉基本上保存有主要的遗迹，是由火膛、窑壁、窑室、排烟口等几部分组成，其形制结构与广东饶平、大埔等县和香港大埔碗明末清初窑址发现的横室阶级窑较为类似。这从一个侧面表明，漳州窑的横式阶级窑于明末清初在向西传播和扩散的过程中，不但影响到粤东、香港地区的窑炉技术发展，同时还往南跨海远播到海南岛[13]。现在澄迈县福安窑址发现的横式阶级窑即是一个较为明显的文物证明，它也是接受到漳州窑的先进窑炉技术的濡染和影响，在清代海南岛上出现了新的横式阶级窑窑型，专门烧造当时社会民众在日常生活中所需求的常用瓷器。

其次，福安窑址出土的“洪化通宝”铜钱属清初的三藩钱之一，是盘踞在云贵地区的吴周政权吴三桂之孙吴世璠所自铸的一种地方钱币。

明末清初，清世祖顺治帝为了夺取全国政权，起用三边总督洪承畴、山海关总兵吴三桂等明朝降将为其开路打先锋。1644年，清廷入关之后，因其自身的八旗兵力不足，为了镇压李自成农民起义军和南明小朝廷的反抗，仍然依靠明朝降官降将充当前驱进行武力镇压。1662年，清康熙帝即位后，由于清朝统治力量尚不足以直接控制南方各省，因此将明朝汉人降将有功者分封管理一些南方省份。其中，以吴三桂、耿仲明、尚可喜等将领为首的“有功之臣”，论功受赏，分驻各地。吴三桂封平西王，镇防云南、贵州；尚可喜封平南王，镇防广东；耿仲明封靖南王，镇防福建，史称“三藩”[14]。三藩各自拥有重兵，分据地盘，在用人、征税、铸钱等方面均可各自为政，俨然成为三个独立的小王国。三藩在各自管辖地区都曾自铸钱币，其中，吴三桂就铸有“利用通宝”“昭武通宝”等铜钱。

1673年春，为了进一步巩固清朝廷统治，清康熙帝作出撤藩决定。为此，以吴三桂为首的三藩镇王起兵叛乱，进行抵抗，发起了反清事件，史称“三藩之乱”。1678年吴三桂在衡州称帝，立国号周，建元昭武。同年秋，吴三桂病死，形势陡变，叛军无首，众心瓦解。此时，吴三桂旧部拥戴其之孙吴世璠在贵阳袭号，继承帝位，改元“洪化（1679～1681年）”。吴世璠在三藩之乱时期，于昆明铸造此“洪化通宝”钱币。1681年清军攻破昆明，吴世璠自杀，延续8年之久的“三藩之乱”被平定[15]，三藩钱也随之一起消亡。

由此看来，窑址发现的“洪化通宝”就是清康熙年间大周国吴三桂之孙吴世蟠所铸的一种钱币，属清初的三藩钱之一，它流传到海南岛当是在其之后的事情，可见福安窑的砌筑年代当不会早于明代或清初。因为漳州窑的横式阶级窑技术在明末清初向西传播的进程中，首先到达的是粤东、香港地区，后再往南跨过琼州海峡方传播到孤悬海外的海南岛上。同时，抑或该窑炉技术是由漳州地区直接跨海影响到海南岛古窑业的发展，这也是是需要一定的时间和空间，不可能是立即发生的事情。

再之，在福安窑址出土的瓷器中，其中，有的生活器皿在海南省南部黎族聚居的一些市县也有所发现。如白沙、昌江等黎族自治县出土的蛙纹瓮和素面带耳瓮[16]与福安窑的Ⅰ式蛙饰瓮和Ⅱ式素面瓮甚为相似；白沙发现的青釉四耳罐、四耳壶、儋州市青釉壶、酱褐釉带耳罐[17]、昌江黎族自治县的褐釉“福禄寿”款香炉[18]等器物与福安窑同类瓷器十分近同。此外，白沙、昌江、儋州等市县发现的青釉瓷权也与福安窑的产品比较类同。其中，有的瓷器形制与福安窑址出土的器物是完全一样的，这应是福安窑所烧制出的产品。上述部分市县发现的这些瓷器，经省文物局组织的文博专家在对全省各市县博物馆藏品进行文物鉴定和定级时，一般均认定它们的年代为清代，这抑或表明两者的年代应是相同的。

据此，从上述几方面所作的初步分析探讨，可以判断福安窑址年代应在清代当无误，它是不可能早到元代的。

2. 重要意义

据近年来海南省实施的第三次全国文物普查所取得的成果可知，在已登录的全省不可移动文物名录中，有近10个市县发现了近20处古窑址[19]。这些古窑址可分为瓷窑、陶窑和砖窑三种类型，又以瓷窑为多。由于这些古窑址都是在考古调查中被发现的，仅采集到少量陶瓷器遗物，均未经过清理发掘及发现相关窑炉遗迹，一般较难以认识其窑型及其窑炉形制结构。福安窑址所进行的两次清理发掘，是海南省首次对古窑址开展的考古工作，并取得了较重要的收获。其中，清理出5座窑炉遗迹，均属于龙窑系统的横式阶级窑，揭露出的火膛、窑壁、窑室、排烟口等遗迹，可以较全面地认识窑炉结构、砌筑方法、装烧工艺等情况。出土了十分丰富的陶瓷器遗物，也在一定程度上了解到福安窑烧造产品的器物类型及其文化特色。据福建古陶瓷研究专家的看法，认为漳州东溪窑考古发现的清代横式阶级窑是揭示了福建地区古代龙窑发展的最后形态，并指出该窑炉技术在向西传播和扩散的进程中，经粤东、香港等地也到达海南岛[20]。海南澄迈县福安窑址考古发掘出的横式阶级窑，从其结构布局特点来看，应是受到以漳州窑为中心的横式阶级窑窑炉技术重要影响而发展起来的，当属于龙窑发展中颇新的一种窑型。福安窑址的考古发掘，尤其是发现的横式阶级窑属海南首次出现，不仅填补了海南建省以来在古窑址考古上的空白，而且为探讨中国南方古窑业技术对海南的传播影响及清代窑业发展与陶瓷器烧造水平，提供了第一手的实物资料，是具有较重要的历史意义。

在福安窑址出土的瓷器中，大都为人们日常生活常用的民用器皿，器形主要有碗、盘、碟、罐、壶、盅、盆、瓮等种，另有灯盏、香炉、瓷杈等，其中以碗的数量最多。在清代海南岛南部地区主要是黎族聚居活动的区域，如白沙、昌江、东方、儋州等黎族自治市县都相继发现有清代的青釉罐（图6-4）、青釉壶（图6-5、图6-6）、青釉蛙纹瓮（图6-7）、香炉（图6-8）、青釉杈（图6-9～图6-11）等瓷器，从其釉色、器形来看，它们与福安窑址出土的同类器物较为相近，有的抑或就是福安窑烧制

图6-4　白沙县博物馆馆藏酱褐釉四耳罐

图6-5　儋州市博物馆馆藏酱褐釉五耳壶

图6-6　白沙县博物馆馆藏青釉四耳壶

图6-7　白沙县博物馆馆藏青黄釉蛙纹瓮

图6-8 昌江县博物馆馆藏褐釉“福寿禄”款香炉

图6-9 白沙县博物馆馆藏青釉杈

图6-10 昌江县博物馆馆藏青釉杈

图6-11 儋州市博物馆馆藏青黄釉杈

的产品。这可能从一个侧面表明，清代时，位于琼北地区的福安窑烧制瓷器日用品已通过商贸往来活动销往到岛南黎族生活聚居的区域，上述几个黎族自治市县发现的一些福安窑烧造的日用瓷器产品即是一个实证。清代时，海南岛上的黎族社会仍处于不平衡的发展状况，除五指山腹地以外，岛南部部分黎族活动区域都先后不同程度地进入到封建社会[21]。因当时黎族在与汉人不断地交流接触中，不同程度上，黎族民众受到汉族文化的一定濡染和影响，也会在日常生活中使用部分瓷器日用器皿。由于当时黎族陶器生产仍一直停留在露天平地堆烧的原始制作方法[22]，还未能掌握建窑烧造瓷器的技艺，所以还得通过商贸经济往来获取所需的瓷器用品。可能在清代早期，福建漳州窑较为成熟和完善的窑业技术传播到海南岛，琼北地区的汉人在澄迈福安一带修建龙窑，并采用烧造容量较大的新窑型技术，砌筑横式阶级窑来生产日常生活所用的瓷器，可见当时出窑产品的数量是相当可观的。正是福安窑烧造的这些日用瓷器产品恰好适应了部分已汉化的黎族民众需求，随着当时不断发展的商贸往来活动，福安窑这些较实用的瓷器用品便会流传到黎族聚居地区去。它当从一个侧面反映了清代海南岛社会经济发展的历史缩影。

福安窑址出土的清代瓷烟斗，是海南岛首次发现的古代吸烟器具，达218件之多，无疑这是已知岛上民众最早吸烟的实物例证，而相似的烟斗在广西合浦县上窑窑址中也有发现。1980年11月，广西博物馆文物工作队在发掘合浦县上窑窑址中，于一座龙窑中发现了瓷烟斗，根据与其一起出土的瓷压槌上所刻“嘉靖二十八年四月二十四日造”的楷书铭文[23]，应表明窑址的烧造年代应是明代嘉靖年间当无误。上窑窑址出土的3件明嘉靖年间的烟斗，被认为这是迄今为止发现的中国民众吸烟的最早的实物证据，它也同烟草何时传入中国有着较密切的关系。据有关资料记载，明末名医张介滨在《景岳传书》提到说，“烟草，自古未闻，近自我明万历时，来于闽广之间”[24]。但上窑窑址发现的烟斗时间为“明嘉靖二十八年”，明显要早于万历几十年，抑或反映了早在明代万历年之前广西一带就已有人开始吸食烟草了。这无疑对认识烟草传入中国的时间大约是在明嘉靖年间，提供了较有说服力的实物证据，而海南福安窑址发现的清代烟斗显然是要晚于广西明代上窑窑址的同类器物。据对烟草传入中国的时间与路线来考察，当在清代时，烟草可能已从闽广地区跨海传入到海南岛上，故福安窑址方出土了较多的清代瓷烟斗。相比广西明代上窑窑址仅出土三件瓷烟斗来看，在福安窑址内竟发现有200余件之多，这从一个侧面反映出清代时海南岛上民众吸烟习俗已较为流行，这对认识岛上当时的社会生活风尚提供了较为生动的实物资料。

注释

[1] 冯先铭主编：《中国陶瓷》，上海古籍出版社，1995年。
[2] 周广明、李家和等：《清江吴城遗址第六次发掘的主要收获》，《江西历史文物》1987年第2期。
[3] 江西省文化厅文物处编：《中国古代瓷器基础知识》（内部刊物），1984年。
[4] 栗建安：《华安东溪窑址的横室阶级窑》，《2009年古陶瓷科学技术国际学术讨论会论文集》，上海科学技术文献出版社，2009年。
[5] 冯先铭主编：《中国陶瓷》，上海古籍出版社，1995年。
[6] 江西省文化厅文物处编：《中国古代瓷器基础知识》（内部刊物），1984年。
[7] 福建省博物馆：《漳州窑——福建漳州地区明清窑址调查发掘报告之一》，福建人民出版社，1997年。
[8] 福建省博物馆：《福建平和县南胜田坑窑址发掘报告》，《福建文博》1998年第1期。
[9] 栗建安：《德化清代窑址的发现及其意义》，《2005年古陶瓷科学技术国际学术讨论会论文集》，上海科学技术文献出版社，2005年。
[10] 栗建安：《华安东溪窑址的横室阶级窑》，《2009年古陶瓷科学技术国际学术讨论会论文集》，上海科学技术文献出版社，2009年。
[11] 崔勇：《广东饶平、大埔青花瓷窑与漳州窑》，《福建文博·中国古陶瓷研究会1999年会专辑》（增刊），1999年。
[12] 香港区域市政局：《香港大埔碗窑青花瓷窑址——调查及研究》，海洋印务有限公司，1997年。
[13] 栗建安：《华安东溪窑址的横室阶级窑》，《2009年古陶瓷科学技术国际学术讨论会论文集》，上海科学技术文献出版社，2009年。
[14] 李尚英：《康熙平定三藩及其善后措施》，《中国社会科学院研究生院学报》1984年第6期。
[15] 王澈：《康熙年间平定吴三桂叛乱史料选》，《历史档案》1990年第2期。
[16] 白沙黎族自治县民族博物馆编：《白沙黎族自治县民族博物馆藏品图录》，南方出版社，2018年。
[17] 儋州市博物馆编：《儋州文物精品图录》，南方出版社，2018年。
[18] 见昌江黎族自治县博物馆馆藏品资料。
[19] 海南省第三次全国文物普查领导小组办公室编：《海南省第三次全国文物普查报告》，2008年。
[20] 栗建安：《华安东溪窑址的横室阶级窑》，《2009年古陶瓷科学技术国际学术讨论会论文集》，上海科学技术文献出版社，2009年。
[21] 高和曦：《黎族合亩制地区的文化变迁及其发展对策》，《首届黎族文化论坛文集》，民族出版社，2008年。
[22] 王建成、王翠娥：《海南民族文物》，海南出版社、南方出版社，2008年。
[23] 广西文物队：《广西合浦上窑窑址发掘简报》，《考古》1986年第12期。
[24] 中国历史博物馆中外关系资料组编：《〈中国通史陈列〉中外交好关系史参考资料》，1979年。

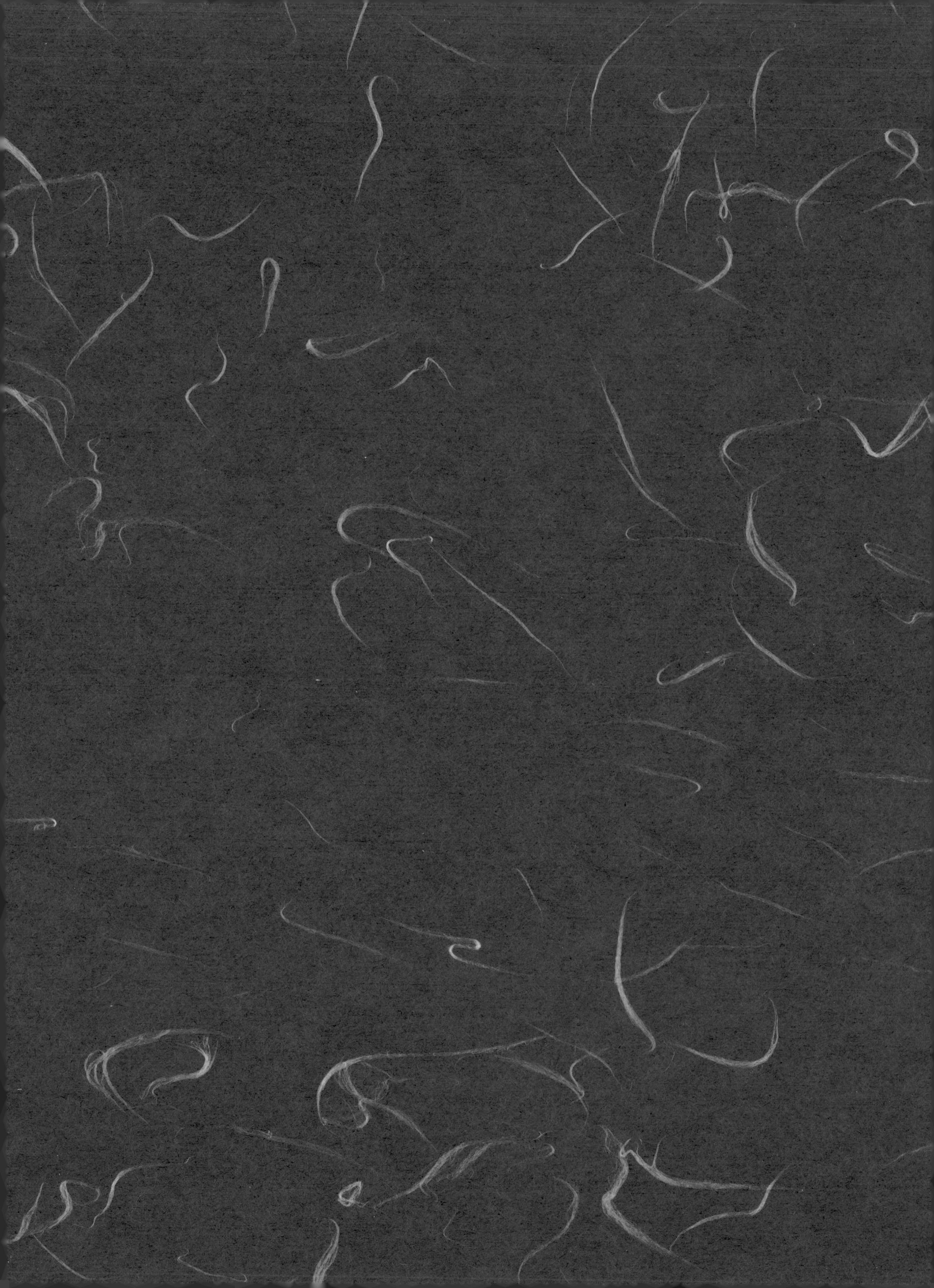